L'investigation collaborative :
de la pratique d'enquête à la collaboration à distance

Exploration

Education: Recherches en sciences de l'éducation

La pluralité des disciplines et des perspectives en sciences de l'éducation définit la vocation de la collection Exploration, celle de carrefour des multiples dimensions de la recherche et de l'action éducative. Sans exclure l'essai, Exploration privilégie les travaux investissant des terrains nouveaux ou développant des méthodologies et des problématiques prometteuses.

Collection de la Société Suisse pour la Recherche en Education, publiée sous la direction de Rita Hofstetter, Isabelle Capron Puozzo, Bernard Schneuwly et Bernard Wentzel.

Alain Baudrit

L'investigation collaborative : de la pratique d'enquête à la collaboration à distance

PETER LANG
Bruxelles • Berlin • Bern • New York • Oxford • Warszawa • Wien

Information bibliographique publiée par « Die Deutsche Nationalbibliothek »
« Die Deutsche Nationalbibliothek » répertorie cette publication dans la « Deutsche Nationalbibliografie » ; les données bibliographiques détaillées sont disponibles sur Internet sous ‹http://dnb.d-nb.de›.

Cette publication a fait l'objet d'une évaluation par les pairs.

ISSN 0721-3700
ISSN 2235-6312 eBook
ISBN 978-2-87574-724-2
ISBN 978-2-87574-725-9 eBook
ISBN 978-2-87574-726-6 EPUB
D/2022/5678/61
DOI 10.3726/b20258

avenue Maurice1, B-1050 Bruxelles,
Belgium brussels@peterlang.com ; www.peterlang.com

Table des matières

Introduction

L'investigation scientifique trouve ses fondements dans le courant constructiviste, elle est « basée sur l'enquête et inclut des activités pratiques dans le but de motiver et d'engager les étudiants dans leur démarche d'appropriation des concepts scientifiques » (Minner, Levy & Century, 2010, p. 275[1]). Pour ces auteurs, Jean Piaget, Lev S. Vygotski et David Ausubel sont considérés comme les principaux initiateurs de ce courant de pensée gouverné par l'idée suivante : « Les approches constructivistes mettent l'accent sur le fait que la connaissance est construite par un individu grâce à une réflexion active, une attention sélective, l'organisation de l'information et l'intégration ou le renouvellement des connaissances » (pp. 275-276). Il convient toutefois de mentionner un autre auteur qui a consacré une grande partie de son œuvre aux processus de *reconstruction* et à l'*enquête* : John Dewey. La philosophie pragmatique, à laquelle il adhère, fait la part belle à l'expérience humaine, ce qui est de nature à expliquer l'attention qu'il leur porte. La *reconstruction*, telle que considérée par Dewey (1939), se traduit dans le domaine de l'éducation par le fait que l'apprenant « agit en fonction de ses représentations actuelles ou postulées, il les confronte au monde et à l'altérité, puis corrige ou renforce les significations impliquées, crée de nouveaux liens, ce qui, finalement, redémarre le processus d'apprentissage » (Nepton, 2020, p. 53). L'orientation évolutive de la connaissance est ainsi décrite, mais l'enquête joue un rôle non moins important dans cette affaire. Selon Dewey (1938), elle a pour caractéristique de mettre la personne face à une situation indéterminée qu'il s'agit d'élucider à partir des données dont elle dispose (observations, faits collectés, etc.). Et tout ce travail d'élucidation peut lui aussi avoir des conséquences non négligeables : « Ce qui termine de manière satisfaisante l'enquête est, par définition, la connaissance ; c'est la connaissance parce que l'enquête se clôt de façon appropriée » (p. 8).

L'investigation scientifique n'est pas obligatoirement le fait de personnes isolées, qui pratiquent l'enquête de manière individuelle. Elle peut impliquer plusieurs interlocuteurs concernés par une même question ou mobilisés autour d'une même situation problématique, c'est là que s'imposent « de nécessaires interactions sociales afin de créer un sens partagé » (Minner, Levy & Century,

---

1 Toutes les traductions d'une langue étrangère ont été effectuées par l'auteur.

2010, p. 276). La dimension collective de l'entreprise suppose en effet des ajustements et des échanges entre les partenaires de travail, sinon comment avoir une idée commune du problème à résoudre ou de la situation à examiner ? Comment trouver des solutions ou issues ensemble ? Là encore Dewey (1916/1990) fait figure de précurseur lorsqu'il introduit la notion de « communauté d'enquête » (*community of inquiry*) sachant que, dans son esprit, une communauté de ce type peut autant rassembler des chercheurs que d'autres personnes soucieuses de mener des investigations ensemble (Fabre, 2006 ; Jézégou, 2010). À cette différence près que « la nature des problèmes qui les concernent, l'accent mis sur les facteurs étudiés varient considérablement dans les deux cas » (Dewey, 1938, p. 101). Il convient effectivement de distinguer un groupe composé de chercheurs animés par la production de connaissances et structurés autour d'une discipline scientifique (Cristol, 2017, p. 34), d'un autre constitué d'acteurs que l'on ne peut qualifier ainsi et dont les motivations sont d'un autre ordre. Par exemple, des groupes d'élèves ou d'étudiants peuvent se mobiliser pour investir une question particulière ou appréhender un point problématique en l'absence de toute affiliation scientifique. C'est bien ce que permet la méthode GI (*Group Investigation*) mise en œuvre dans les établissements scolaires en Israël (Sharan & Hertz-Lazarowitz, 1980 ; Sharan & Sharan, 1992). Les élèves ou les étudiants peuvent être assimilés à des chercheurs au sens où ils interagissent à l'intérieur de groupes constitués par eux-mêmes avec des thèmes d'étude et des stratégies exploratoires qui leur sont propres. Il faut dire que les auteurs à l'origine de cette méthode ont été influencés par Dewey (1916/1990) quant à sa conception de la classe vue comme un *lieu de vie*, tout comme ils s'inspirent de son idée de *pensée réfléchie* que le philosophe considère comme « une sorte d'approche scientifique faite de cinq étapes allant de la reconnaissance d'un problème à sa solution en passant par la clarification du problème, la formulation d'hypothèses et le choix d'un plan d'action (Dewey, 1910/1933) » (Baudrit, 2007a, p. 25). Dans ces conditions, les partenaires de travail se comportent bien comme des chercheurs même s'il ne s'agit pas pour eux de faire avancer la connaissance dans un domaine scientifique particulier. Il est surtout question qu'ils développent leurs propres connaissances à la faveur d'investigations collectives. En fin de compte, ils semblent se donner à voir comme des apprenants-chercheurs mis en situation d'interagir quel que soit le mode de communication utilisé : en présentiel/à distance.

La notion d'*enquête* trouve également quelque prolongement dans la *démarche d'investigation scientifique* (DIS) qui, selon Perron, Hasni et Boilevin (2020), se traduit par la mobilisation d'habiletés de recherche et d'attitudes. Au nombre de ces dernières, ces auteurs recensent notamment l'observation, l'expérimentation et la modélisation utilisées par les élèves « pour trouver des réponses à leurs questions ou des solutions à leurs problèmes » (p. 202). Mais est-ce suffisant en termes d'éducation scientifique ? De développement de la culture scientifique des apprenants ? Il semble bien que non dans la mesure où l'accès aux savoirs conceptuels n'est pas garanti par cette seule démarche. Ces savoirs sont pourtant essentiels en ce qu'ils jouent le rôle d'un « référent théorique composé des concepts, des théories et des modèles construits collectivement par la communauté scientifique. Ils sont une construction de l'esprit produite par l'activité humaine qui permet de se représenter les objets du monde » (p. 201). Tel est l'aboutissement escompté lorsque les élèves ou les étudiants se lancent dans une DIS. Mais ce seul exercice est jugé insuffisant parce qu'il met plus l'accent « sur les procédures [par exemple mettre en œuvre un protocole d'expérience] que sur le processus de production de connaissances [développer l'explication scientifique] » (p. 212). Comment faire le lien entre les premières et le second ? Que manque-t-il pour qu'il en soit ainsi ? Pour ce faire, il y a lieu de « formuler un problème d'ordre scientifique » (p. 202). Sur cette question, il est une nouvelle fois possible de se référer à Dewey (1938) lorsqu'il parle de *situation problématique* pour désigner le côté ambigu ou confus d'une situation qui, de fait, interroge ou surprend. En conséquence, elle suscite des questions ou des hypothèses à caractère scientifique parce que soumises « aux processus de la preuve et à la validation des savoirs mis en œuvre » (Perron, Hasni & Boilevin, 2020, p. 201). Ces opérations de vérification sont susceptibles d'amener les apprenants à renouveler leurs savoirs et « les nouveaux savoirs scientifiques ainsi reconstruits peuvent servir à leur tour à la formulation de nouveaux problèmes d'ordre scientifique ou technologique. Ce processus circulaire favorise les allers-retours entre les différentes composantes de l'investigation scientifique par la présence des doubles flèches » (p. 202). Dewey (1938) n'avait pas d'autres intentions lorsqu'il préconisait une remise en chantier de l'enquête afin de s'assurer de la validité des résultats obtenus antérieurement.

La *démarche d'investigation scientifique*, telle qu'examinée par Perron, Hasni et Boilevin (2020), pourrait donc avoir comme principal inconvénient de privilégier les aspects méthodologiques aux dépens de l'acquisition de connaissances. Observer, explorer, travailler sur des données sont bien des activités susceptibles d'être mises en œuvre par les apprenants, mais elles ne leur garantissent pas l'accès à de nouveaux savoirs scientifiques. D'où la recommandation formulée par les auteurs sur « la nécessité de considérer, dans leur interrelation, la compréhension conceptuelle et le processus scientifique à l'origine de son élaboration » (p. 201). Une enquête aboutie paraît prendre une telle forme, elle suppose un lien étroit entre l'élaboration conceptuelle et l'activité empirique.

Ce qui n'est pas sans rappeler le pragmatisme préconisé par Dewey (1920/2014) quant à la question du rapport entre la théorie et la pratique qu'il juge indissociables lorsque les acteurs se trouvent confrontés à des *situations problématiques*. Elles ont bien pour caractéristique de leur poser des problèmes, mais il s'agit surtout « de faire de leur construction et non seulement de leur résolution, l'enjeu essentiel de l'activité intellectuelle (Chalak, 2012, p. 38) » (Perron, Hasni & Boilevin, 2020, p. 202).

Les contours de l'*investigation collaborative* (IC) paraissent se dessiner autour de questions comme la construction de connaissances dans le cadre de l'*enquête*, le caractère collectif de l'entreprise ou encore la problématisation en termes de relation entre élaborations théoriques et faits étudiés. L'influence de John Dewey est palpable à ces différents niveaux, pour cette raison le début du chapitre 1 de cet ouvrage lui est consacré. Si cet auteur a bien posé les bases de l'enquête, celle-ci a également fait l'objet d'études et d'examens ultérieurs notamment quant à la place prise par les acteurs dans cette affaire, au rôle joué par les technologies de l'information et de la communication (TIC), à l'activité d'investigation vue sous des angles divers et conçue à travers différentes phases. C'est en termes d'évolutions/ruptures qu'il est possible d'interpréter le nouveau regard porté sur ce genre de pratique, tout comme se dessine le profil de « l'apprenant-chercheur » dont la particularité est d'être un élève ou un étudiant qui se comporte comme un chercheur dans le but de développer ses propres connaissances ou savoirs. Tels sont les points abordés dans le chapitre 1. Le chapitre 2 est consacré à l'*apprentissage collaboratif* envisagé comme une activité collective susceptible de favoriser les échanges et les interactions entre les participants (Dillenbourg, 1999) s'agissant, pour eux, d'explorer ensemble un domaine plus ou moins insolite, de réorganiser des connaissances ou de découvrir des idées nouvelles (Damon & Phelps, 1989a). Deux orientations sont identifiables avec d'un côté, la *collaboration contradictoire* et, de l'autre, la *collaboration constructive* (Baudrit, 2007a, 2009). Elles révèlent des fonctionnements collectifs de différentes natures mis en œuvre par les partenaires de travail. Ainsi, ils peuvent s'inscrire dans une *démarche d'opposition* ou être concernés par une *logique de coordination*. L'IC prend forme ainsi, sur la base d'une association qui unit un mode d'investigation (l'enquête) avec une activité collective (l'apprentissage collaboratif). L'un et l'autre étant caractérisés par une certaine diversité dont on peut trouver l'origine dans la marge de manœuvre laissée aux acteurs pour agir et interagir.

Le chapitre 3 a trait aux nouvelles perspectives offertes par les TIC en matière d'IC. Et lorsque qu'à certains moments les interlocuteurs échangent en présentiel quand, à d'autres, c'est à distance qu'ils se livrent à ce type d'exercice, il devient possible de parler d'hybridation des modes de communication. L'avantage étant que les points forts de l'un sont susceptibles de compenser les points faibles de l'autre et ceci dans les deux sens. Tout comme des formes de tuilage sont susceptibles d'apparaître entre les deux modalités interactives ou lorsque des outils de communication distincts (par exemple à caractère synchrone et asynchrone) sont utilisés par les participants. Tout compte fait, les investigations mises en œuvre par les acteurs dans de telles conditions pourraient bien être le fait de *communautés d'enquête* dont le potentiel interactif est amplifié par l'usage des TIC. Deux grandes orientations de l'IC peuvent être toutefois distinguées en fonction des outils technologiques utilisés. Elles sont présentées dans le chapitre 4. L'une, intensive, se donne notamment à voir lorsque les échanges se font sur un forum de discussion à accès limité, par exemple de type *Intranet*. L'autre, extensive, est à mettre en relation avec le réseautage social et les *environnements personnels d'apprentissage* (EPA) des différents interlocuteurs. La première se solde en général par des constructions et des approfondissements de connaissances plus ou moins poussés en fonction du niveau d'implication des participants ou du type d'accompagnement dont ils peuvent bénéficier. La seconde se prête à des occurrences de découvertes et de contacts fortuits d'où la notion de *sérendipité* introduite en pareil cas. Les découvertes inédites peuvent s'expliquer par le fait que savoirs et idées peuvent circuler et se diffuser par le biais d'échanges multidirectionnels ou au travers de connexions très diversifiées. Telles sont quelques variantes de l'IC menée à distance qui, finalement, montrent combien la *pratique d'enquête* chère à Dewey (1938) se trouve diversifiée, et sans doute aussi enrichie, en termes d'interactions sociales, par les TIC dont disposent actuellement les acteurs concernés. Lors de la discussion finale, un retour est opéré sur la notion d'*autonomie individuelle* indispensable, pour le même Dewey, au développement de la réflexion personnelle en particulier chez les élèves. D'un autre côté, l'*autonomie collective* est également préconisée afin de les responsabiliser à la faveur de regroupements organisés sur le mode des *communautés d'enquête* (Dewey, 1916/1990). N'y a-t-il pas incompatibilité entre l'une et l'autre ? Est-ce que la seconde n'est pas de nature à contrarier la première ? Ce point est discuté en référence à l'*apprentissage collaboratif*. L'accent mis sur ces formes d'autonomie interroge aussi la place et le rôle occupés par les enseignants. Quid de leurs interventions ? Ne sont-elles pas de nature à parasiter les activités de découverte mises en œuvre par les partenaires de travail ? Cette fois-ci, c'est chez Vygotski (1930/1985) que des éléments de réponse peuvent être trouvés. Enfin, l'influence des TIC sur l'*investigation collaborative*, en termes de potentialités interactives, est située dans un mouvement contemporain qualifié de « continuum ubiquitaire de l'apprentissage » par Pène (2017, p. 262). Mais c'est de John Dewey dont il va d'abord être question au sujet de la pratique d'enquête qu'il a introduite et préconisée dans le monde éducatif.

Chapitre 1
La pratique d'enquête : presque un siècle d'histoire

La pratique d'enquête d'après Dewey

Quelles relations établir entre les notions d'*investigation* et de *collaboration* ? Quel intérêt y a-t-il à les associer ? Dans quel but et à quelle fin ? Voilà quelques questions auxquelles il convient d'essayer de répondre avant toute chose. Dewey (1938) semble avoir ouvert une voie en matière d'investigation en préconisant la pratique d'enquête (*practical inquiry*) dans le domaine scolaire. Il voit en elle « une transformation contrôlée ou dirigée d'une situation indéterminée en une situation déterminée dans ses distinctions et relations constitutives afin de convertir les éléments de la situation d'origine en un tout unifié » (pp. 104-105). Selon lui, il y a lieu de considérer les situations indéterminées comme étant « dérangeantes, troubles, ambigües, confuses, pleines de contradictions, obscures, etc. » (p. 105). Elles ont ainsi pour caractéristique de faire douter et l'enquête consiste précisément à réunir les conditions susceptibles de chasser le doute, de faire que les personnes trouvent du sens là où, au départ, il fait défaut. D'où la démarche préconisée par Dewey (1938) qui s'apparente à

> une structure ou un modèle commun : que cette structure commune soit appliquée dans le sens commun ou la science, et outre le fait que la nature des problèmes qui les préoccupent et l'accent mis sur les facteurs impliqués varient considérablement dans les deux cas (p. 101).

Ainsi, la pratique d'enquête est susceptible d'être « mise en œuvre aussi bien par des personnes ordinaires, des philosophes ou encore des savants » (Jézégou, 2010, p. 265). En ce sens, Fabre (2006) lui attribue un *statut générique* qui fait, par exemple, qu'à l'intérieur du système scolaire les élèves ou les apprenants peuvent être amenés à se comporter comme des chercheurs, à adopter des démarches ou méthodes propres à la recherche scientifique comme le montrent nombre d'auteurs (Li, Hong, Chai, Tsai & Lin, 2018 ; Pedaste, Mäeots, Siiman, de Jong, van Riesen, Kamp, Manoli, Zacharia & Tsourlidaki, 2015 ; Pöntinen, Kärkkäinen, Pihlainen & Räty-Záborszky, 2019). Mais de quelle structure est-il question ? Comment la pratique d'enquête est-elle analysée et décomposée par Dewey (1938) ?

> La première condition qui préside à la mise en mouvement d'une telle pratique est à trouver dans le questionnement suscité par le fait de se retrouver face à une situation indéterminée : L'enquête et le questionnement sont, jusqu'à un certain point, des synonymes. Nous enquêtons lorsque nous questionnons, et nous enquêtons quand nous cherchons tout ce qui fournira une réponse à une question posée. Il est donc dans la nature même d'une situation indéterminée qu'elle soit *questionnable* (p. 105).

Et elle est questionnable notamment au regard du doute qu'elle suscite : « La qualité des composants propres à une telle situation n'est pas tant l'incertitude en général que le doute en particulier qui rend cette situation ainsi » (p. 105). L'élaboration du problème constitue la phase suivante du processus d'enquête parce qu'une « situation instable ou indéterminée pourrait être appelée *situation problématique* » (p. 107). Il s'agit donc d'identifier le problème posé par la situation vu son caractère équivoque ou confus. À partir de là, la formulation d'une solution à ce problème devient envisageable mais, à ce stade de l'enquête, il ne s'agit que d'une éventualité :

> Parce que l'enquête est basée sur la détermination progressive d'un problème et de sa solution possible, les idées diffèrent en fonction du stade où en est l'enquête. Elles apparaissent au début simplement comme des suggestions ; des suggestions surgissent, elles flashent sur nous, elles nous viennent à l'esprit (p. 110).

Ce qui manque souvent à ce genre de propositions se situe dans la logique, elles peuvent présenter un caractère irrationnel ou approximatif étant issues d'une réflexion insuffisamment élaborée. Une suggestion devient donc une idée à partir du moment où « elle est examinée en référence à son aptitude fonctionnelle ; à sa capacité de résoudre une situation donnée » (p. 110). Ensuite, la phase dite du *raisonnement* permet de franchir un autre pas en ce qu'elle est de nature à « développer le contenu des idées dans leurs relations les unes avec les autres » (p. 111). En d'autres termes, deux ou plusieurs idées peuvent être examinées et mises en concurrence afin de retenir celle qui semble la plus apte à faire tomber le caractère problématique de la situation étudiée. C'est ainsi, toujours selon Dewey (1938), que se dessine une hypothèse dans le cadre du raisonnement scientifique :

> Une fois suggérée et approuvée, elle est développée en relation avec d'autres structures conceptuelles jusqu'à ce qu'elle acquière une forme dans laquelle elle peut susciter et guider une expérimentation qui révélera précisément, dans des conditions aussi optimales que possible, si l'hypothèse doit être acceptée ou rejetée (p. 112).

Après, le *caractère opérationnel des faits* marque le temps de l'expérimentation. Durant celle-ci, les faits observés sont sélectionnés et décrits afin « qu'ils servent de preuve et la qualité de la preuve est jugée au regard de la capacité qu'ils ont à former un tout cohérent en réponse aux opérations prescrites par les idées » (p. 113). Autrement dit, il s'agit de mettre l'hypothèse ou les hypothèses formulées à l'épreuve des faits et ceci, parfois, de manière répétitive notamment « lorsque la situation problématique exige des investigations approfondies pour être clarifiée » (p. 113). Des séquences peuvent s'enchaîner sur ce mode quand « un nouvel ordre de faits suggère la modification d'une idée [ou hypothèse] qui occasionne de nouvelles observations dont le résultat détermine un nouvel ordre de faits, et ainsi de suite » (p. 113). Enfin, l'enquête arrive à son terme lorsque, d'indéterminée au départ, la situation examinée prend un caractère nouveau et surtout logique aux yeux de la personne ou des personnes qui l'ont scrutée. Mais s'agit-il d'une véritable conclusion ? N'est-ce pas seulement un résultat provisoire ? Dewey (1938) considère effectivement que « les conclusions émanant d'une enquête constituent des moyens, matériels et procéduraux, pour conduire des enquêtes plus poussées » (p. 140). Pourquoi une telle position ? Pourquoi relativiser autant les conclusions issues de pratiques d'enquête ? Parce qu'il considère qu'« une condition indispensable au contrôle d'une enquête se trouve dans le besoin et la volonté de mettre les conclusions, même les plus fondées, à l'épreuve d'une autre enquête consacrée à de nouveaux problèmes » (p. 141). Crainte de l'erreur ? Souci du détail ? Perfectionnisme en matière d'investigation ? Il y a certainement un peu de tout cela quand l'on sait que « Dewey disait que les conséquences d'une idée fausse sont de nous entraîner dans toujours plus d'obscurité tandis que l'idée vraie clarifie nos débats et les fait avancer » (Fabre, 2008, p. 10). Mais l'idée vraie ne s'impose pas d'emblée, elle suppose tout un travail d'élaboration et de construction.

C'est dans le *pragmatisme* prôné par Dewey (1920/2014) qu'il y a lieu de chercher les bases de la pratique d'enquête :

> Un pragmatisme qui récuse tout simplement la dualité de la théorie et de la pratique [...]. D'une idée, on demandera, ce qu'elle signifie 'pratiquement'. D'une hypothèse qu'on mettra au travail, on demandera comment la tester 'pratiquement'. Si le pragmatisme est une théorie génétique de la vérité, l'adverbe 'pratiquement' renvoie au caractère opératoire de l'idée (Fabre, 2008, p. 11).

Une sorte de « dialectique d'idées et de faits » (Fabre, 2009, p. 28) semble ainsi caractériser le processus d'enquête « qu'il s'agisse de la problématisation scientifique ou de celle de la vie quotidienne » (p. 28). Mais Dewey ne s'arrête pas là en matière de pragmatisme. Avec la notion de *transaction*, il souligne l'importance que prennent les échanges entre les personnes lorsqu'il s'agit de prendre des décisions ou de délibérer (Dewey & Bentley, 1949). Et, encore une fois, une situation indéterminée et instable se présente comme un problème à résoudre ou un équilibre à trouver :

> Les agents agissent au sein de situations qui doivent être 'définies' de façon commune [...]. Compte tenu des perceptions et des référentiels différenciés des acteurs, l'enjeu de tout processus transactionnel est de parvenir à une définition commune de la situation, de créer un 'monde commun' sans lequel la compréhension mutuelle est impossible (Foucart, 2013, pp. 77-78).

De la sorte, la pratique d'enquête prend une dimension collective où il est question d'échanger à partir de points de vue divers sur la situation examinée, voire de faire état de divergences, afin d'avoir à terme une vision partagée du ou des problèmes qu'elle pose. Tel est le mécanisme de la transaction dont la vocation est de contribuer à la construction collective d'un problème (Fabre, 1999).

Ce dernier point est à mettre en relation avec une autre caractéristique propre à Dewey : il est considéré comme étant le « philosophe de la démocratie » aux États-Unis quand Lewin passe pour être « le théoricien et l'expérimentateur de la démocratie » (Marrow, 1972, p. 188). En ce sens, le premier voit dans l'école une communauté de vie (Dewey, 1927) où il est possible de « réfléchir de façon critique sur l'expérience vécue dans un cadre de vie communautaire démocratique » (Bertrand & Valois, 1994, p. 133). Et lorsque Lewin (1947) identifie le groupe idéal comme un modèle réduit de démocratie, Dewey (1916/1990) conçoit l'école comme étant une « démocratie en miniature ». Ce faisant, Dewey s'inscrit en faux contre « les contenus [scolaires] traditionnels parce que ceux-ci sont le résultat de la science des adultes. Ils sont divisés et atomisés à partir d'une classification et d'une organisation logique qui n'ont rien à voir avec l'expérience de l'enfant » (Bertrand & Valois, 1994, p. 129). Il leur préfère les problèmes concrets qui émergent à la faveur de débats libres entre les acteurs de l'éducation que sont les enseignants et les élèves. Et ces débats libres trouvent leur raison d'être au sein de groupes constitués, toujours selon Dewey (1916/1990), sur le mode de la « communauté d'enquête » (*community of inquiry*), c'est-à-dire formés par des personnes soucieuses de « résoudre de façon commune et conjointe une situation problématique. Il peut s'agir ici de lever un doute sur un sujet donné, de réagir à un événement inattendu ou encore de mener à bien un projet » (Jézégou, 2010, p. 262). Voilà des expériences collectives qui ne sont pas sans rappeler celles que des acteurs peuvent vivre lorsque, dans un contexte d'*apprentissage collaboratif*, ils sont confrontés à des « questions qui supposent des réponses incertaines et ambiguës, réponses qui nécessitent un jugement bien développé » (Bruffee, 1995, p. 15), ou animés par la découverte et prêts à réorganiser leurs propres connaissances (Damon &

Phelps, 1989a). Dans ces conditions, il n'est pas surprenant de constater que Dewey soit perçu comme « un des principaux instigateurs de l'apprentissage collaboratif » (Baudrit, 2007a, p. 26).

La pratique d'enquête après Dewey

Dewey (1938) a eu le mérite de poser les bases de la pratique d'enquête et de l'examiner sous un angle analytique et chronologique mais, depuis, elle a fait l'objet d'autres études ou regards plus centrés sur la notion d'*apprentissage* travaillée dans les domaines scolaire et universitaire. Ainsi, Pedaste *et al.* (2015) introduisent l'idée d'« apprentissage basé sur l'enquête » (*inquiry-based learning*) non sans avoir rappelé l'importance de l'apport de Dewey (1933) en la matière : « Il a décrit plusieurs aspects importants de la pratique d'enquête, tels que la définition d'un problème, la formulation d'une hypothèse et la conduite d'une expérimentation » (p. 49). Les auteurs précisent également ce qui leur semble être aux fondements de l'apprentissage par enquête : « L'accent est mis sur la participation active et la responsabilité de l'apprenant dans la découverte de connaissances nouvelles pour lui (de Jong & van Joolingen, 2008) » (p. 48), d'où une certaine autogestion attendue du côté de celui qui apprend. Les progrès technologiques ne sont pas non plus à négliger dans cette affaire dans la mesure où les investigations menées sur le Web autorisent des apprentissages guidés relatifs à « l'identification de problèmes, la formulation de questions ou d'hypothèses, la planification et la réalisation d'expériences, la collecte et l'analyse de données, la présentation de résultats et de conclusions (Mäeots, Pedaste & Sarapuu, 2008) » (p. 48). Par ailleurs, les mêmes auteurs pointent des divergences ou des écarts dans la façon d'envisager et de présenter les différentes phases de l'apprentissage par enquête chez des chercheurs qui se sont intéressés à cette question :

> Par exemple, le modèle 5E du cycle d'apprentissage (Bybee *et al.*, 2006) énumère cinq phases d'enquête : engagement, exploration, explication, élaboration et évaluation. Le cycle d'enquête proposé par White & Frederiksen (1998) identifie également cinq phases d'enquête, mais elles se présentent ainsi : questionner, prédire, expérimenter, modéliser et appliquer (p. 48).

Une distinction importante est donc visible entre « les phases initiales du cycle 5E [engagement et exploration] à orientation inductive [empirique/basée sur des données] et les deux premières phases du cycle d'enquête de White et Frederiksen [question/prédiction] propices à l'approche déductive [théorique/fondée sur l'hypothèse] » (p. 48). Pour autant, ces deux approches semblent coexister au sein du modèle de « découverte scientifique à double espace » (*scientific discover as dual search*) élaboré par Klahr et Dunbar (1988), où

> la recherche dans l'espace des hypothèses est guidée à la fois par les connaissances antérieures et les résultats expérimentaux. La recherche dans l'espace de l'expérimentation peut être guidée par l'hypothèse du moment et utilisée pour générer des informations aptes à formuler d'autres hypothèses (p. 32).

Selon cette perspective, l'*espace des hypothèses* et l'*espace de l'expérimentation* se présentent plus comme complémentaires que disjoints. Toutes ces remarques font finalement dire à Pedaste *et al.* (2015) que « la manière d'équilibrer les approches inductive et déductive dans un cycle d'enquête peut influencer la sélection et/ou l'organisation des phases de l'enquête » (p. 48). Autrement dit, l'apprentissage par enquête peut prendre des formes différentes en fonction des options méthodologiques prises par les chercheurs pour mener leurs investigations.

Forts de cet ensemble d'observations préliminaires, ces derniers auteurs se sont livrés à une revue de travaux avec pour principal but d'examiner la littérature scientifique portant sur les principales phases de l'apprentissage par enquête pour voir comment elles sont impliquées dans le processus d'apprentissage. Les publications sont identifiées dans la base de données éducatives référencées dans *EBSCO Host Library* et sont sélectionnées en fonction de plusieurs critères. D'abord, elles doivent comporter au moins un des mots-clés suivants : phases d'enquête, étapes d'enquête, cycle d'enquête, modèles d'enquête, processus d'apprentissage par enquête, apprentissage par enquête. Ensuite, elles sont affectées à une des deux catégories suivantes au regard des informations qu'elles contiennent : « (1) descriptions de phases d'enquête générale uniquement ; (2) descriptions de phases d'enquête avec de possibles cycles d'enquête » (Pedaste *et al.*, 2015, p. 50). Celles qui ne répondent pas à ces exigences sont écartées, ce qui réduit le nombre de publications sélectionnées à 32. À partir de là, ces chercheurs se sont livrés à une analyse systématique des termes utilisés par les auteurs des 32 publications, ils les ont regroupés en fonction de critères de similarité et ont ainsi dégagé 34 termes relatifs à l'activité d'enquête. Ces termes ont ensuite été classés en fonction de la place qu'ils occupent dans la chronologie du processus d'enquête qui, finalement, comporte cinq phases : Orientation ; Conceptualisation ; Investigation ; Conclusion ; Discussion. Certaines sont décomposées en sous-phases. C'est par exemple le cas de la seconde phase (Conceptualisation) à l'intérieur de laquelle les auteurs distinguent deux temps : le questionnement et la formulation d'hypothèses. Le questionnement est identifié à partir de termes ou d'expressions comme :

> 'poser des questions', 'développer une question', 'question d'enquête initiale', 'générer une question scientifique', 'établir une question d'enquête', 'poser et réviser des questions', 'décider d'une question'. La formulation d'hypothèses transparaît sous des formes comme 'prédire', 'faire des prédictions', 'émettre des hypothèses', 'générer des d'hypothèses', 'établir une hypothèse', 'idées d'hypothèses', 'solutions au brainstorming', 'générer des hypothèses vérifiables' (p. 52).

Alors comment les auteurs définissent-ils les cinq phases identifiées lors de leur revue de travaux ?

La phase *orientation* a trait à « la stimulation de l'intérêt et de la curiosité suscités par le problème tel qu'il se présente » (Pedaste *et al.*, 2015, p. 54). Le problème en question peut venir de l'environnement observé par les élèves ou être introduit par l'enseignant. Quoi qu'il en soit, c'est le côté insolite ou énigmatique d'un fait, d'un événement ou d'une situation qui attire leur attention et les amène à s'y intéresser de plus près. La phase *conceptualisation*, donc scindée en deux temps, a trait au « processus de compréhension d'un ou de plusieurs concepts appartenant au problème posé » (p. 54). Il s'agit d'abord d'identifier le problème par le biais de « questions de recherche ou de questions ouvertes sur le domaine concerné » (p. 54) pour, ensuite, formuler une ou des hypothèses qui seront mises à l'épreuve lors de l'étape suivante. Les auteurs font les observations suivantes concernant les deux temps de la phase *conceptualisation* :

> Le questionnement est une formulation de questions pouvant faire l'objet d'une enquête (White & Frederiksen, 1998), tandis qu'une hypothèse correspond à la formulation d'une déclaration ou d'un ensemble de déclarations (de Jong, 2006). Ainsi, les aboutissements de la phase de conceptualisation sont à trouver dans des questions de recherche ou des hypothèses à examiner ou les deux à la fois si les hypothèses sont ensuite élaborées à partir de celles-ci (p. 54).

Il pourrait donc y avoir des orientations de recherche distinctes lors de la phase suivante, soit à partir de questions de recherche, soit sur la base d'hypothèses, ou encore à partir des deux à la fois.

La phase *investigation* constitue le troisième moment du processus d'apprentissage par enquête analysé par Pedaste *et al.* (2015), une phase qu'ils décomposent en trois temps : exploration ; expérimentation ; interprétation des données. L'*exploration* trouve ses origines dans une question de recherche qui incite à s'enquérir de données dans le but de les « étudier de façon systématique et approfondie sans avoir obligatoirement recours à une hypothèse » (p. 55). Contrairement à l'*expérimentation* dont la principale fonction est de tester des hypothèses par le biais d'« une planification méthodique et d'une chronologie bien spécifique » (p. 55). D'où de possibles interrogations à ce stade de l'analyse du processus d'apprentissage par enquête : Sommes-nous en présence de formes d'investigation différentes ? Inductive dans le premier cas et déductive dans le second ? Si oui, comment les auteurs conçoivent-ils la transition exploration/expérimentation lors de la phase d'*investigation* ? Il est à noter également que Dewey (1938), dans son analyse de la pratique d'enquête, n'évoque pas cette phase exploratoire et s'en tient au seul temps de l'expérimentation. Quoi qu'il en soit, Pedaste *et al.* (2015) situent ces deux moments avant l'interprétation des données qui permet, à l'appui de celles qui ont été recueillies, de réinterroger la question initiale ou l'hypothèse de recherche et ainsi « de formuler des explications à partir de preuves » (p. 51). Le temps de la *conclusion* vient après pour vérifier si « les questions ou hypothèses de recherche sont corroborées ou confirmées par les résultats de l'étude (White, Shimoda & Frederiksen, 1999 ; Scanlon *et al.*, 2011). De nouvelles perspectives théoriques peuvent aussi apparaître » (p. 55). Somme toute, ce temps de *conclusion* paraît correspondre à celui que Dewey (1938) situe au terme de la pratique d'enquête dans la mesure où, ensuite, il devient possible de reprendre un travail d'investigation sur des bases plus élaborées. Une élaboration que Dewey (1938) situe cependant plus au niveau des procédures de l'enquête quand Pedaste *et al.* (2015) la positionnent sur un plan plus théorique. Est-ce l'effet du pragmatisme du premier ? Serait-ce une nouvelle tendance repérée par les seconds en matière d'investigation ?

Pedaste *et al.* (2015) vont toutefois plus loin dans leur description du cycle d'enquête avec, pour le clore, une phase de *discussion* consacrée à « la présentation des résultats relatifs à chaque phase ou à l'ensemble du cycle en communiquant avec les autres et/ou en contrôlant tout le processus d'apprentissage ou ses différents temps » (p. 54). Cette dernière étape prend ainsi un caractère collectif avec une *dimension communicative* apparentée à « un processus externe où les élèves présentent et transmettent leurs observations et conclusions aux autres et reçoivent des commentaires ou remarques de ces derniers (Scanlon *et al.*, 2011) » (p. 55), tout ceci associé à une *activité réflexive* à orientation prospective :

> Proposer de nouveaux problèmes pour un nouveau cycle d'enquête et suggérer des améliorations dans le processus d'apprentissage par enquête (Lim, 2004 ; White & Frederiksen, 1998) [...]. Dans ce cadre plusieurs procédés sont envisageables : jeux de rôle, rédactions de journaux ou de récits, questions réflexives peuvent servir d'activités supports (Runnel, Pedaste & Leijen, 2013) (p. 55).

Pedaste *et al.* (2015) insistent aussi sur l'aspect transversal de la discussion, ils ne la situent pas essentiellement à la fin du cycle d'enquête : cette phase

> [qui comprend la communication et la réflexion] est potentiellement présente à chaque étape de l'apprentissage par enquête et se connecte à toutes les autres phases,

> parce qu'elle peut survenir à tout moment pendant [discussion-en-action] ou après [discussion-sur-l'action] d'un apprentissage par enquête (p. 47).

Le phénomène est d'ailleurs renforcé « lorsque les activités d'enquête mises en œuvre nécessitent une collaboration » (p. 53). Ne retrouve-t-on pas là les principes propres à la *transaction* chère à Dewey et Bentley (1949) ? Ou encore une activité collective assimilable à celle des communautés d'enquête (*communities of inquiry*) telles que préconisées par Dewey (1916/1990) ?

La pratique d'enquête : des évolutions et/ou des ruptures au fil du temps ?

Que dire en termes d'analyse comparative entre la publication de Dewey (1938) sur la « pratique d'enquête » (practical inquiry) et celle réalisée par Pedaste *et al.* (2015) relative à l'« apprentissage basé sur l'enquête » (inquiry-based learning) ? Est-il raisonnable d'essayer de les comparer vu l'espacement temporel existant entre les deux ? En effet, presque 80 années les séparent et, de plus, l'une et l'autre ne présentent pas les mêmes caractéristiques. Quand la première émane d'un philosophe américain inscrit dans la mouvance pragmatique, la seconde est le fait d'une équipe internationale composée de chercheurs en sciences de l'éducation. Lorsque l'une est relativement bien datée, l'autre est plus représentative d'une période vu qu'il s'agit d'une revue de travaux pour la plupart publiés à la fin des années 1990, au cours des années 2000 et au début des années 2010. Quand Dewey (1916/1990) s'appuie sur des observations réalisées dans un milieu particulier, en l'occurrence l'« École Laboratoire » de l'Université de Chicago qu'il conçoit comme une communauté de vie pour les élèves, Pedaste *et al.* (2015) examinent des recherches à caractère expérimental ou quasi expérimental effectuées à des niveaux de scolarité très divers et dans des domaines d'apprentissage eux aussi très différents. Alors quel intérêt y a-t-il à mettre en perspective ces deux publications qui à l'évidence sont assez distinctes ? Dans de telles conditions, que peut-on véritablement attendre de ce genre de démarche ?

Toutes deux ont quand même comme point de départ l'*enquête* avec ses conséquences en termes d'apprentissage ou d'acquisition de connaissances. Une enquête dont Dewey (1938) trouve les origines dans « un déséquilibre entre le sujet et son milieu » et qui, au demeurant, suscite « une opération visant à rétablir un équilibre perdu » (Fabre, 2009, p. 23). Il revient donc aux personnes concernées de procéder par elles-mêmes à cette opération de rééquilibrage et de trouver les clés de compréhension d'une situation à caractère problématique ou ambigüe. Ce qui paraît être à l'œuvre ici prend la forme d'un « auto-contrôle de la pensée » (p. 22). De leur côté, Pedaste *et al.* (2015) parlent d'« autogestion » dans la découverte de nouvelles connaissances. Ils empruntent également à Justice, Warry, Cuneo, Inglis, Miller, Rice & Sammon (2002) la notion de *réflexion personnelle* pour « formuler une question, déterminer ce qu'il convient de connaître, identifier des ressources, collecter des données, les évaluer, synthétiser, communiquer de nouveaux savoirs » (p. 59). Autrement dit, dans un cas comme dans l'autre, l'autonomie des apprenants est privilégiée ce qui, en creux, suppose un certain effacement du côté des enseignants ou des adultes. Une autonomie qui caractérise d'ailleurs plus, lorsqu'il est question d'activité collective, l'*apprentissage collaboratif* que l'*apprentissage coopératif* (Baudrit, 2007b, p. 127). Est-il besoin de rappeler que Dewey est une des principales références en matière de conception et d'élaboration du premier (Baudrit, 2007a ; Panitz, 1999).

Le point de départ de l'enquête est d'autre part situé différemment dans les deux cas examinés. Chez Dewey (1938), le questionnement opéré à propos d'une situation confuse ou équivoque est de l'ordre du doute. De là il s'agit d'identifier le problème sous-jacent, de déterminer « ce qui fait question » (Fabre, 2009, p. 27) pour envisager une solution qui aura valeur d'hypothèse après être passée par le stade des suggestions et des idées. Cette hypothèse est ensuite soumise à l'épreuve des faits durant la phase d'expérimentation. Pour Pedaste *et al.* (2015), c'est plus la curiosité et l'intérêt suscités par un problème qui sont à l'origine d'un questionnement, lui-même susceptible d'amener une question de recherche ou une hypothèse. Dans le premier cas, une phase exploratoire s'ensuit au cours de laquelle les personnes se livrent à des recherches et recueils de données dans le but de réinterroger ou préciser la question de recherche initialement formulée. Dans le second, l'expérimentation a pour vocation de tester l'hypothèse avancée. Les auteurs n'écartent pas non plus l'idée que les deux démarches puissent se succéder dans le temps avec une question de recherche qui, travaillée à plusieurs reprises, prenne finalement la forme d'une hypothèse. Sans compter de possibles entrecroisements entre les deux démarches comme le suggèrent Klahr et Dunbar (1988) au travers de leur modèle de « découverte scientifique à double espace » (*scientific discover as dual search*), où l'*espace des hypothèses* et l'*espace de l'expérimentation* sont interreliés.

Avec le temps, l'enquête paraît ainsi prendre un nouveau visage avec des formes plus diversifiées, des orientations plus hybrides, par rapport à la conception princeps développée par Dewey (1938). En effet, ce n'est pas par hasard si ce dernier privilégie l'élaboration des hypothèses et les procédures d'expérimentation qui permettent de les éprouver. Il s'inscrit dans la mouvance pragmatique selon laquelle

> nous ne pouvons rien savoir de la vérité en dehors des procédures de justification et de vérification que nous mettons en place ; que thèses ou résultats doivent être référés aux problèmes qu'ils viennent résoudre […] ; que donc le vrai ou le faux doivent être rapportés au niveau des problèmes eux-mêmes (Fabre, 2009, p. 28).

L'accès à la logique des problèmes étudiés semble être à ce prix, au prix d'une démarche qui met les hypothèses à l'épreuve des faits par le biais de l'expérimentation. Mais avant cela, Pedaste *et al.* (2015) font état d'un temps exploratoire dont l'avantage est de partir d'une ou de plusieurs questions de recherche qui incitent à prospecter, à aller chercher des données ou des informations de façon large et ouverte, ceci pour répondre à la curiosité manifestée à l'égard du problème identifié. Une collecte qui, ensuite, peut faire l'objet de tris, sélections ou autres procédures de filtrage en vue de formuler la ou les hypothèses. L'exploration se présente ainsi comme une sorte de propédeutique à l'expérimentation.

De même, l'enquête paraît se poursuivre différemment dans les deux cas étudiés. Pour Dewey (1938), il n'est pas question de s'en tenir aux seules conclusions issues du travail d'investigation. Les procédures utilisées pour y parvenir doivent être retravaillées, elles ne sont pas « des certitudes absolues mais des échafaudages provisoires qui seront peut-être remis en question plus tard, dans une prochaine problématisation » (Fabre, 2009, p. 28). Cette application d'ordre opérationnel se retrouve moins chez Pedaste *et al.* (2015) où il est surtout question de procéder à des approfondissements théoriques au travers d'échanges à caractère réflexif entre les participants. Il s'agit surtout de « tirer des conclusions à partir des données, de comparer les inférences faites à partir des données avec les hypothèses ou questions de recherche » (p. 51). De nouveaux problèmes peuvent alors surgir et de nouveaux cycles d'enquête se former sur cette base. Chez ces derniers auteurs, de tels échanges ne se limitent d'ailleurs pas à la phase terminale du processus d'investigation, ils le traversent du début à la fin ce qui donne à l'enquête un caractère très interactif. Il est effectivement question de « débattre, discuter et partager sur l'enquête, communiquer de nouvelles connaissances, élaborer, communiquer des résultats, argumenter, discuter et présenter de nouveaux contenus. Les apprenants communiquent et justifient leurs points de vue, ils font le point sur l'enquête » (p. 51). Cela dit, Dewey et Bentley (1949) n'ont-ils pas auparavant parlé de *transaction* ? Et Dewey (1916/1990) de *communautés d'enquête* ? N'ont-ils pas finalement ouvert la voie en matière d'interactions dans le cadre de l'enquête ?

La *transaction* a pour vocation de faire que des interlocuteurs puissent se créer un « monde commun » (Foucart, 2013, p. 78). Telle est effectivement la condition qui rend l'activité collective possible. Comment travailler ensemble en l'absence d'une conception partagée d'un problème ? Sans avoir une vision consensuelle de la situation examinée ? Il y a donc lieu de considérer les transactions entre les apprenants comme des « interactions sociales de confrontation entre leurs points de vue, de négociations et de délibérations pour résoudre de façon commune et conjointe une situation problématique » (Jézégou, 2010, p. 261). Dewey et Bentley (1949) sont bien les initiateurs de cette perspective qui met l'accent sur la construction collective menée par des acteurs soucieux de trouver des solutions à un problème reconnu comme commun. Certains fondements de l'*apprentissage collaboratif* se trouvent bien là. Que l'on pense par exemple à la *collaboration,* définie par Roschelle et Teasley (1995), comme étant « une activité coordonnée et synchronisée qui résulte d'une tentative continuelle de construire et d'entretenir une conception partagée d'un problème » (p. 70), ou encore aux *espaces de négociation* où chacun « est amené à argumenter, à justifier son point de vue, pour essayer d'être convaincant » (Dillenbourg, 1999, p. 13). En grande partie, l'*apprentissage collaboratif* prend appui sur ces modalités collectives (Baudrit, 2007a). La transaction y est considérée comme une sorte de dénominateur commun des manœuvres interactives susceptibles de se produire en pareille circonstance. Maintenant reste à savoir s'il y convient d'assimiler la *discussion*, telle que décrite par Pedaste *et al.* (2015), à la *transaction* décrite par Dewey et Bentley (1949). Est-on en présence de processus interactifs similaires ? Engagent-elles les participants dans le même type d'échanges ou de dialogues ?

La *transaction* présente la caractéristique d'avoir comme point de départ des points de vue différents, voire divergents, entre les acteurs en présence. D'où la nécessité, pour eux, de parvenir à un accord ou à un consensus sur le problème identifié afin d'y remédier. Pour cette raison, Jézégou (2010) fait référence à la théorie du conflit socio-cognitif pour illustrer la problématique à l'œuvre à ce moment-là :

> Lors de cette confrontation [de points de vue], un premier déséquilibre interindividuel apparaît au sein du groupe puisque chaque personne du groupe est confrontée à des points de vue divergents [...]. Ce qui provoque chez elle un deuxième déséquilibre de nature intra-individuelle : elle est amenée à reconsidérer, en même temps, ses propres représentations et celles des autres pour reconstruire un nouveau savoir (p. 263).

En la circonstance il s'agit bien de reconstruire un nouveau savoir, mais celui-ci est assez particulier. Il est surtout question de se forger une vision commune d'un problème, de faire qu'une convergence de points de vue soit possible. Ce qui revient à mettre en mouvement un troisième processus : la recherche d'un équilibre interindividuel. Ce dernier est censé représenter l'aboutissement d'activités interactives menées par des interlocuteurs qui ont réussi à trouver un accord sur la base de dissensions initiales. Ce genre de cheminement n'est possible que si « chacun est à la fois source et cible des opinions, des informations qui circulent. Dans cette communication véritable, tensions et dissonances modifient continûment idées et perceptions » (Moscovici & Doise, 1992, p. 119). La *communication active* est ainsi décrite par ces auteurs, elle est alimentée par des circulations et des rencontres plus ou moins conflictuelles d'idées dans les groupes. N'est-ce pas ce qui est le propre des discussions ? N'est-ce pas ce type d'échanges qu'il est possible de trouver en leur sein ? En tout cas, la *discussion* vue par Pedaste *et al.* (2015) dans le cadre de l'enquête paraît prendre cette forme, elle se donne à voir comme une sorte de prolongement de la *transaction* compte tenu de son caractère ouvert et pluriel : « Elle est bien plus qu'une évaluation, incluant à la fois la réflexion [faite d'exposés, de critiques, d'évaluations et de débats dans des conditions d'investigation bien spécifiques, voir Leijen *et al.*, 2012] et la communication sur les résultats » (p. 54). C'est par le biais d'échanges aussi diversifiés que les acteurs de l'enquête sont, selon ces auteurs, en mesure d'atteindre un équilibre interindividuel synonyme d'un accord entre eux quant aux conclusions ou conséquences à retenir de celle-ci.

Par ailleurs, ce qui distingue notablement l'enquête conçue par Dewey (1938) de celle décrite par Pedaste *et al.* (2015) est à trouver dans la terminologie même. Le premier parle de *pratique d'enquête* (*practical inquiry*) et les seconds d'*apprentissage basé sur l'enquête* (*inquiry-based learning*). Dans le premier cas, le sens pratique paraît l'emporter chez des acteurs confrontés à une situation indéterminée qui se présente comme un problème à résoudre. Il convient donc de chercher une ou des solutions à celui-ci, ce qui revient à « relier les éléments épars d'une situation, à l'unifier en un tout cohérent » (Fabre, 2009, p. 23). Pour cet auteur, Dewey invente ici « le personnage conceptuel de l'Enquêteur » (p. 23). Un enquêteur assimilé à un « homme qui a capitalisé son expérience sous une forme plus ou moins incorporée ou plus ou moins objectivable […] et qui reste ouvert et disponible pour d'autres expériences » (p. 23). C'est ce processus de capitalisation qui place l'enquêteur de Dewey parmi « les figures dynamiques de l'apprendre » (p. 26). Autrement dit, la posture de l'enquêteur amène la personne à engranger des connaissances et des savoirs ce qui, finalement, la met en situation d'apprenant. L'« enquêteur-apprenant » pourrait bien être le profil façonné par la *pratique d'enquête* telle que considérée par Dewey (1938). Maintenant est-ce que l'*apprentissage basé sur l'enquête* contribue à la formation d'un autre profil ? Plus ou moins éloigné de celui-là ? La dénomination de cette seconde forme d'enquête parle d'elle-même. La notion d'*apprentissage* y apparaît en premier. Cette primauté fait dire à Pedaste *et al.* (2015) qu'il y a « une centration sur les apprenants [...] qui sont engagés dans un authentique processus de découverte scientifique » (p. 48). Ce processus ne consiste pas seulement à explorer une situation ou un phénomène plus ou moins inédit, il s'agit également « d'examiner une théorie susceptible de susciter des questions à caractère scientifique liées à ce phénomène particulier » (p. 52). Ainsi, le temps de conceptualisation détermine toute la suite notamment la phase d'investigation qui consiste à recueillir et à travailler sur des données pour, finalement, revenir sur les aspects théoriques dans un souci d'approfondissement. N'y aurait-il pas un « apprenant-enquêteur » derrière tout cela ? C'est-à-dire quelqu'un avide de connaissances scientifiques qui, pour les faire siennes, se livre à une réflexion théorique étayée par des activités exploratoires et/ou expérimentales ?

Le saut temporel existant entre les deux publications examinées pourrait donc révéler une évolution dans la conception et la pratique d'enquête. Entre l'« enquêteur-apprenant » et l'« apprenant-enquêteur », des différences sont bien identifiables notamment en termes d'accès au savoir, de mobilisation des ressources empiriques pour y parvenir, de séquençage de l'activité d'enquête. Mais peut-on pour autant parler de rupture ? La distinction est-elle si importante que cela ? Dans les deux cas, n'avons-nous pas finalement affaire à des personnes animées par une motivation commune ? En l'occurrence être en quête de savoirs ou de connaissances par le biais d'investigations à caractère méthodique et rationnel. Dans le domaine scolaire, c'est bien ce que Dewey (1916/1990) appelait de ses vœux en préconisant l'usage de « la méthode chronologique qui part de l'expérience de celui qui apprend et développe à partir de celle-ci les modes propres du développement scientifique » (p. 284). Maintenant dans quel projet Pedaste *et al.* (2015) inscrivent-ils l'*apprentissage basé sur l'enquête* ? Ils le positionnent en tant que « stratégie éducative dans laquelle les étudiants suivent des méthodes et des pratiques similaires à celles des professionnels scientifiques pour construire des connaissances (Keselman, 2003) » (p. 48). Certes, en l'espace d'une centaine d'années l'école a changé, ses acteurs et ses programmes également, les TIC ont bousculé les modes d'échanges entre les interlocuteurs, mais l'idée directrice est de toujours voir les élèves ou les étudiants se comporter comme des chercheurs avec les limites que ce type d'approche suppose : « Les élèves ne couvriront peut-être pas un champ très étendu, mais les connaissances qu'ils acquerront seront sûres et bien comprises » (Dewey, 1916/1990, p. 285). De leur côté, Pedaste *et al.* (2015) disent s'intéresser à des apprenants qui, dans ce qui est de l'ordre du connu, peuvent opérer des découvertes à leur manière : « Ce qui est nouveau pour eux, dans la plupart des cas, ne constitue pas de nouvelles connaissances sur le monde » (p. 48). Il n'est donc pas question pour les élèves ou les étudiants de tout apprendre ou de tout redécouvrir par le biais de l'enquête, mais plutôt de se familiariser à cette dernière et de l'utiliser à des fins d'apprentissage. Dans la mesure où

> la plupart d'entre eux ne deviendront jamais des savants au sens technique du terme, il est beaucoup plus important pour eux d'avoir une idée de ce que signifie la méthode scientifique plutôt que de copier en long et en large les résultats auxquels les savants sont parvenus (Dewey, 1916/1990, p. 285).

Tout compte fait, l'important ne se situe pas tant dans la quantité des découvertes effectuées par les élèves ou les étudiants que dans la qualité des méthodes utilisées pour les mener à bien. En la circonstance, les méthodes préconisées ont partie liée avec la recherche scientifique, avec les modes d'investigation adoptés par les chercheurs à des fins de découverte ou d'avancée des connaissances. Du côté des élèves et des étudiants, la notion d'*apprentissage* est donc privilégiée et, en ce sens, ils peuvent être considérés comme des « apprenants-chercheurs ». C'est-à-dire des personnes qui font usage de procédés propres au monde de la recherche pour acquérir des connaissances et des savoirs. Contrairement aux « apprentis-chercheurs » qui, eux, se les approprient au regard d'un projet professionnel. Au sein des institutions éducatives, la pratique d'enquête est ainsi de nature à faire que le profil de l'« apprenant-chercheur » soit de plus en plus visible et identifiable, tout ceci dans la continuité et sous le couvert « d'éminents psychologues comme Dewey (1910), Piaget (1976), et Vygotski (1978) convaincus que le fait d'agir comme un scientifique est crucial pour le développement de l'enfant » (Li *et al.*, 2018, p. 16). Voilà trois grands noms que l'on retrouve aux fondements d'une autre notion : l'apprentissage collaboratif (AC). En quoi sont-ils impliqués dans cette affaire ? Quels sont leurs apports respectifs en la matière ? Quels liens existe-t-il avec la *pratique d'enquête* ? Le chapitre suivant est précisément consacré à ces questions dans le but d'apporter des éléments de réponse.

CHAPITRE 2
L'APPRENTISSAGE COLLABORATIF : DES BASES HISTORIQUES ET DES PROLONGEMENTS DIFFÉRENCIÉS ?

Les fondements de l'apprentissage collaboratif

Dewey a déjà été identifié comme étant le « philosophe de la démocratie » (Marrow, 1972, p. 188). La société qu'il appelle de ses vœux est donc constituée de « personnes associées parce qu'elles travaillent ensemble en fonction d'orientations communes, dans un esprit commun et en référence à des objectifs communs. Ces besoins et objectifs communs supposent le développement d'échanges d'idées » (Dewey, 1902/2001, p. 10). Et il regrettait que l'école de son époque ne soit pas organisée sur ce mode-là : « L'école actuelle n'est pas conçue comme une unité sociale naturelle parce que ces éléments de l'activité commune et productive sont absents [...]. Dans les classes, ce qui motive et cimente l'organisation sociale est manquant » (p. 10). Il milite donc en faveur d'une école dont l'organisation est propice à

> une vie communautaire embryonnaire, active avec des types d'occupations qui reflètent la vie de la société en général et imprégnée de l'esprit de l'art, de l'histoire, et de la science. Si l'école incite et forme chaque enfant à devenir membre d'une telle petite société [...], nous aurons la plus profonde et meilleure garantie d'une société digne, plaisante et harmonieuse (p. 20).

Tout comme Lewin (1947) considérait le groupe comme étant une société démocratique en modèle réduit, Dewey (1916/1990) voyait dans l'école une société de même type en miniature. Une école à l'intérieur de laquelle « il y aurait un laboratoire [lui aussi] en miniature dans lequel les enfants pourraient se livrer à des pratiques d'enquête » (Dewey, 1902/2001, p. 24). À l'image des poupées russes, chez Dewey la démocratie se décline en plusieurs dimensions. D'abord considérée à l'échelle macrosociologique, elle prend progressivement une orientation microsociologique où l'on trouve en bout de chaîne la « communauté d'enquête », c'est-à-dire « l'atelier de travail, le laboratoire, le matériel, les outils avec lesquels les élèves peuvent construire, créer et rechercher activement » (p. 22). Construire, créer, rechercher, n'est-ce pas ce qui est attendu des acteurs aujourd'hui concernés par l'*apprentissage collaboratif* ? Mis dans des conditions telles qu'ils puissent se livrer à des activités d'investigation collectives ? C'est bien le point de vue de plusieurs auteurs sur la question. Construire, c'est ce que font des apprenants engagés dans une collaboration qui requiert un « effort commun pour construire des connaissances et résoudre des problèmes ensemble » (Racheva, 2018, p. 5). Créer, cette activité est bien visible quand des étudiants sont activement engagés, par le biais de l'AC, dans des procédures de résolution de problèmes qui exigent d'eux des « apprentissages approfondis favorisant leur capacité à créer de nouvelles connaissances » (Ting, Lam & Shroff, 2019, p. 1). Rechercher, il y a de cela lorsque les élèves sont confrontés à une situation à caractère énigmatique : « Une recherche collective s'impose plus ou moins à eux. Ils ont à découvrir ensemble des notions qui ne leur sont pas familières » (Baudrit, 2009, p. 111). Ainsi, l'*apprentissage collaboratif*, tel qu'il apparaît à la fin du 20e siècle, semble bien avoir trouvé de solides fondements au début du même siècle chez Dewey (1916/1990) avec la notion de *communauté d'enquête*.

De son côté, l'apport piagétien n'a rien d'évident au départ sachant que le psychologue de Genève s'est particulièrement intéressé aux « processus de raisonnement interne chez l'enfant » (Damon & Phelps, 1989a, p. 143). En conséquence, son approche « laisse peu de place aux facteurs externes, notamment aux facteurs sociaux et à l'influence des autres » (Brossard & Fijalkow, 1998, p. 18). Alors pourquoi le retrouve-t-on à l'origine de l'AC ? Un AC à caractère éminemment collectif ? Où les interactions sociales jouent un rôle primordial ? C'est dans la notion de *conflit cognitif* (Piaget, 1975) qu'il y a lieu, plus ou moins indirectement, de voir pourquoi il est fait référence à cet auteur. Ce type de conflit traduit une perturbation de l'équilibre intellectuel causé par l'opposition « d'éléments cognitifs qui, chez une même personne, permet à celle-ci de réorganiser ses propres connaissances. Le développement intellectuel est donc à trouver dans une succession de déstructurations/restructurations cognitives » (Baudrit, 2007a, p. 14). C'est dans les interactions entre la personne et son environnement physique que Piaget situe principalement ce genre de processus. Mais les interactions sociales peuvent jouer un rôle similaire, notamment lorsque des interlocuteurs sont amenés à exposer des points de vue divergents, voire à confronter des idées contraires. Cette seconde orientation, néo-piagétienne, est le fait des psychologues sociaux de Genève à l'origine de la notion de conflit socio-cognitif (Doise & Mugny, 1981 ; Perret-Clermont, 1979). Le fait d'être exposé à un point de vue autre que le sien peut amener une personne à douter de ses propres connaissances, ce qui peut l'amener à les retravailler de façon plus approfondie. De la sorte, le conflit socio-cognitif, « processus interindividuel par excellence, aurait des conséquences positives au plan intra-individuel, en l'occurrence au niveau de la réflexion personnelle » (Baudrit, 2007a, p. 15). Les conceptions piagétiennes du développement ne sont pas à proprement parler dévoyées, mais c'est maintenant dans l'environnement social qu'il y a lieu de trouver l'élément déclencheur au sens où « les coordinations interindividuelles jouent un rôle causal dans le développement cognitif » (Doise & Mugny, 1981, p. 15). C'est donc plus globalement dans l'École de Genève que l'on peut identifier une des sources constitutives de l'AC s'agissant principalement d'une activité à caractère collectif.

Cela dit, l'influence piagétienne est très certainement plus affirmée sur une autre dimension propre à l'AC : l'autonomie. Cette dernière, déjà reconnue comme étant aussi une caractéristique de l'enquête, est valorisée par Piaget (1969) parce qu'elle favorise l'émergence de « conduites susceptibles d'éduquer l'esprit critique, l'objectivité et la réflexion discursive » (p. 263). La qualité du raisonnement est selon lui à ce prix, au prix d'une marge de manœuvre importante laissée aux apprenants en ce qu'elle garantit l'« autonomie de la conscience » (Piaget, 1932/1992, p. 268). Dans le cadre de l'AC, de tels principes ont pour but de faire que les interlocuteurs puissent interagir librement, qu'ils soient protégés « de toute tentative d'influence externe susceptible de contrarier l'activité de recherche, de parasiter le fonctionnement de la pensée collective » (Baudrit, 2007a, pp. 16-17). Ce genre d'influence peut effectivement venir des adultes lorsque des enfants travaillent ensemble ou se livrent à des activités ludiques. Cette ingérence est contestée par Piaget (1969) vu son caractère perturbateur sur les réflexions ou idées qu'ils peuvent développer à ces moments-là. Mais si Piaget a fait du principe d'autonomie l'un de ses chevaux de bataille, il ne reste pas moins identifié comme étant un psychologue qui a privilégié les processus intra-individuels quand, de son côté, Vygotski (1934/1985) s'intéresse particulièrement aux processus interindividuels :

> L'enfant piagétien est un enfant solitaire : la connaissance mathématique est issue de ses propres réflexions sur les actions qui sont réellement exécutées sur des objets ou qui pourraient l'être [...]. L'enfant vygotskien utilise au départ des systèmes de signes qui englobent des systèmes de connaissances disponibles dans la culture [...]. Ils sont appris et utilisés par les enfants de façon interpersonnelle (Nunès, 1991, pp. 118-119).

Dans ces conditions, l'apport vygotskien en matière d'AC pourrait souffrir de moins d'ambiguïté.

Le psychologue russe est en effet à l'origine de la théorie socio-constructiviste où il défend la thèse selon laquelle « le développement des fonctions psychiques se fait par transformation d'un processus interindividuel en un processus intra-individuel. Il introduit ainsi la dimension sociale dans le développement intellectuel » (Baudrit, 1997, p. VIII). C'est précisément en cela qu'il est considéré comme étant un des principaux inspirateurs de l'AC : « C'est essentiellement par le dialogue entre les membres du groupe et le partage de leurs savoirs mais aussi par la coordination de leurs actions qu'ils parviennent à résoudre un problème partagé et à construire de nouvelles connaissances » (Jézégou, 2010, p. 262). De nombreux chercheurs anglo-saxons vont être influencés par les conceptions vygotskiennes de l'apprentissage lorsque celles-ci vont gagner le continent nord-américain : Cole, 1985 ; Damon et Phelps, 1989b ; Forman et Cazden, 1985 ; Rogoff et Wertsch, 1984 ; Wertsch, 1981 ; Williams, 1989 ; Wood, Bruner et Ross, 1976. Et il va surtout être question d'apprentissage au cours de l'enfance : « Les enfants peuvent apprendre de la rencontre avec des pairs [...]. En d'autres termes, ils sont initiés à de nouveaux modes de pensée lorsqu'ils engagent des dialogues avec des pairs » (Damon, 1984, p. 333). Une démarche que ce dernier auteur s'empresse de distinguer d'un autre courant théorique américain, en l'occurrence celui de l'apprentissage social (Bandura, 1980), où il est plus question d'observation/imitation que d'échanges entre pairs. Il lui semble alors bon de rappeler que les enfants « apprennent les uns des autres non pas en copiant ou en adoptant les compétences d'autrui (comme avec un tuteur adulte), mais en planifiant mutuellement les activités par le biais d'un effort collaboratif » (Damon, 1984, p. 334). Dans ce dernier cas, le processus d'apprentissage à l'œuvre est de l'ordre de l'intériorisation dans la mesure où, pour Vygotski (1934/1985), les coordinations sociales entre les partenaires de travail prennent progressivement une orientation intrasubjective. Ce qui se passe dans un premier temps à un niveau interindividuel prend dans un second temps un caractère intra-individuel. À partir de là, il convient de considérer « l'apprentissage comme le résultat de l'intériorisation de l'interaction sociale » (McCarthey & McMahon, 1992, p. 18). Wertsch (1985) reprend d'ailleurs une expression souvent utilisée par Vygotski pour illustrer l'aboutissement de ce processus : « La collaboration interne avec soi-même » (p. 152). Telle est l'empreinte laissée par le psychologue russe sur la notion d'*apprentissage collaboratif*. Face à une tâche ou une situation à élucider, l'activité collective déployée par plusieurs interlocuteurs a pour destinée d'amener chacun à la faire sienne au plus profond de lui-même.

Pour lui, cette activité d'ordre purement individuel est assurée par un langage qualifié d'*intérieur* (Vygotski, 1934/1985). En somme la personne en vient à se parler à elle-même, de façon inaudible pour l'entourage, après avoir échangé avec les autres par le biais d'un langage dit *social*. S'agissant de l'activité de l'enfant, Rochex (1997) décrit cette mutation en ces mots :

> Outil d'échange et d'action sur autrui, le langage devient par ce mouvement d'intériorisation moyen de contrôle de sa propre activité, instrument de pensée, tandis que l'espace discursif dialogal instauré par l'interlocution se transforme en espace mental : la conscience devient par là 'contact social avec soi-même' selon les termes qu'emploie Vygotski dès 1925 (p. 129).

L'AC se présente bien comme une activité collective dont les conséquences, au plan personnel, peuvent se traduire par une réflexion accrue ou une activité cognitive renforcée chez les participants. C'est l'avantage que Kruger et Tomasello (1986) attribuent aux « discussions transactives » qu'il y a lieu de considérer comme des formes d'AC « favorables à l'exploration collective, appropriées lorsque les enfants ont à découvrir des domaines de connaissances qui leur sont peu familiers » (Baudrit, 2007a, p. 19). De quoi s'agit-il en fait ? Il s'agit d'abord de « discussions » dont on ne voit pas comment elles pourraient être dissociées du langage social évoqué par Vygotski. Les interlocuteurs s'expriment à voix haute pour exposer leurs idées, leurs points de vue ou leurs arguments, ceci à des fins d'échanges ou de débats. La notion de « transaction », déjà repérée chez Dewey et Bentley (1949), prend tout son sens précisément à ce niveau. Les échanges ou débats sont pratiquement incontournables, dans le cadre de l'AC, lorsqu'il est question de prendre des décisions ou de parvenir à un consensus. Excepté, bien sûr, dans le cas où une situation examinée ne suscite pas de divergences entre les participants ou lorsque tout le monde est dès le départ d'accord sur la solution à apporter face à un problème. Quel est l'intérêt de l'AC en pareilles circonstances ? Quelle est la raison d'être de l'activité interindividuelle quand les interlocuteurs n'ont pas de quoi alimenter leurs échanges ? Pas de quoi initier un quelconque débat ? Les mêmes interrogations valent pour l'activité intra-individuelle. Qu'est-ce qui est de nature à éveiller la réflexion personnelle en l'absence de déstabilisations de la pensée ? Que se dire intérieurement quand rien de nouveau n'est à interpréter ? L'AC suppose bien des conditions de réalisation dont la notion de « discussion transactive » donne un assez bon aperçu. Une notion finalement basée sur l'association du *langage social* tel que considéré par Vygotski (1934/1985), avec le processus de transaction examiné par Dewey et Bentley (1949). Et lorsque la notion d'*autonomie* chère à Piaget (1969) vient se greffer sur tout ceci, l'aperçu se précise encore plus dans la mesure où, par le biais de l'AC, il est bien question de laisser les interlocuteurs échanger comme ils l'entendent afin de favoriser la réflexion discursive pour, en conséquence, voir leur propre raisonnement gagner en qualité. Il devient alors possible de parler de « discussion transactive autonome » en référence à ces trois grands noms que sont Dewey, Piaget et Vygotski, que l'on retrouve également aux fondements de l'*apprentissage collaboratif*. Un AC dont les contours ne sont pas obligatoirement faciles à cerner et qui, de plus, présentent plusieurs visages.

L'apprentissage collaboratif aujourd'hui : une théorie et deux grandes orientations à caractère complémentaire ?

Contrairement à l'*apprentissage coopératif*, *l'apprentissage collaboratif* n'a pas fait l'objet de définitions susceptibles d'apporter un véritable éclairage sur ce mode de fonctionnement collectif. À quoi cela peut-il être dû ? A-t-on affaire à une modalité trop complexe pour être clairement spécifiée ? L'*apprentissage coopératif* est assimilé par Johnson et Johnson (1990) à une activité collective en petits groupes, où les sujets partagent un but commun, ce qui permet d'optimiser les apprentissages de chacun. Autrement dit, l'activité déployée par l'ensemble des participants permet à chacun d'eux de progresser en termes d'apprentissage. À une condition toutefois : « Ils peuvent atteindre leurs objectifs d'apprentissage si, et seulement si, les partenaires avec qui ils sont coopérativement associés atteignent les leurs » (Johnson & Johnson, 1980, p. 94.). En somme, les participants sont tributaires les uns des autres, il suffit que l'un d'eux échoue dans l'activité qui lui est confiée pour voir l'ensemble du groupe faillir en termes de réalisation collective. Ils sont en quelque sorte *interdépendants*. De leur côté, les membres des groupes collaboratifs ne sont pas liés par ce genre de relation. L'autonomie dont ils disposent les incite au contraire à interagir librement, à échanger comme ils l'entendent. La notion d'*interaction* est donc privilégiée dans ce dernier cas, d'où cette possible comparaison : « L'interactivité semble être à l'apprentissage collaboratif ce que l'interdépendance est à l'apprentissage coopératif » (Baudrit, 2016, p. 137). Mais la notion d'*interaction* est insuffisante pour caractériser l'AC. Alors, qu'est-ce que l'*apprentissage collaboratif* ? C'est précisément la question posée par Dillenbourg (1999). Quatre éléments lui semblent indispensables pour essayer d'apporter des éléments de réponse. L'AC se définit par des interactions, une situation, des processus et des effets.

Les *interactions* présentent donc un caractère ouvert, elles sont non contraintes et sont le fait des acteurs mêmes. Cela dit, une précision s'impose à leur sujet : « Le degré d'interactivité entre pairs ne tient pas à la fréquence des interactions, mais à la façon dont ces interactions influencent les processus cognitifs entre pairs » (Dillenbourg, 1999, p. 12). En d'autres termes, c'est plus leur qualité que leur quantité qui importe. La première est censée « rendre les personnes cognitivement actives, elle a pour vocation de favoriser leur éveil intellectuel » (Baudrit, 2007a, p. 122). C'est dans le doute qu'il y a lieu de voir les origines de cette activité intellectuelle accrue comme Dewey (1938) a pu le montrer à propos de la pratique d'enquête. Un doute qui, chez lui, est occasionné par la situation indéterminée ou ambigüe face à laquelle se trouvent les acteurs concernés. Dans le cadre de l'AC, ils sont plus amenés à douter au regard de points de vue plus ou moins divers, hétérogènes, divergents, voire contradictoires véhiculés au sein du groupe ; autant de situations susceptibles de provoquer quelques stimulations intellectuelles. De la sorte en effet « l'activité cognitive peut être tenue en haleine, les partenaires ont continuellement à opérer des ajustements cognitifs entre eux » (Baudrit, 2007a, p. 122). Et l'abondance des échanges ne se présente pas obligatoirement comme un facteur facilitateur en la circonstance. Une certaine clarté interactive paraît au contraire souhaitable pour bien identifier et repérer ce qui se dit, quelles sont les idées véritablement sujettes à examen ou approfondissement. Cette qualité des interactions est à associer, selon Dillenbourg (1999), à une certaine synchronicité lorsqu'il s'agit de « réaliser quelque chose ensemble » (p. 12). Cette dernière observation mérite toutefois d'être relativisée s'agissant de la collaboration à distance dans la mesure où certains outils de communication (comme les forums ou la messagerie électronique) font que les échanges prennent un caractère asynchrone, d'où un temps de réflexion substantiel entre les différents messages qui permet aux apprenants de « travailler à leur propre rythme et de mieux examiner les activités réalisées par leurs partenaires » (Wichadee, 2013, p. 109). D'ailleurs nombre de travaux montrent, précisément sur cette dimension, la supériorité de la collaboration à distance par rapport à la collaboration en présentiel en termes d'apprentissage ou d'acquisition de connaissances (Kessler, Bikowski & Boggs, 2012 ; Suwantarathip & Wichadee, 2014 ; Tutty & Klein, 2008 ; Woodrich & Fan, 2017).

La seconde notion évoquée par Dillenbourg (1999) à propos de l'AC est la *situation*. Pour lui, une situation présente un caractère collaboratif à partir du moment les participants sont « (i) plus ou moins au même niveau et peuvent produire les mêmes actions, (ii) ont un but commun et (iii) travaillent ensemble » (p. 9). Ainsi, symétrie et égalité sont recherchées afin d'éviter les situations propices « aux actions [de contrôle, de coordination, etc.] ou à l'exercice de l'expertise [tutorat, enseignement, soutien, etc.] » (p. 10). L'ascendant d'une ou de plusieurs personnes sur d'autres est donc le travers à éviter, le principal étant que chacun puisse participer à l'activité collective, être impliqué dans le processus collaboratif. L'idée de *symétrie* est toutefois bien fragile : « Il n'y a jamais de situations de pure symétrie : dans le monde il n'y a pas deux personnes qui aient les mêmes connaissances » (p. 10). Pour cette raison, le principe d'*hétérogénéité* est privilégié par l'auteur en ce que « deux apprenants peuvent avoir le même degré d'expertise mais différents points de vue sur la tâche » (p. 9). Ce genre de situation est effectivement de nature à stimuler l'activité interactive avec des partenaires de travail pratiquement contraints « d'échanger, d'exprimer leurs différents points de vue afin de pouvoir dépasser leurs divergences ou désaccords » (Baudrit, 2018a, p. 245). D'où la troisième notion propre à l'AC.

Elle a trait aux *processus* à l'œuvre. Au nombre de quatre, ce sont les suivants : l'induction, la charge cognitive, l'explication et le conflit (Dillenbourg, 1999). Est-il nécessaire de les présenter dans le détail sachant qu'ils traduisent un perpétuel va-et-vient entre la pensée individuelle et la pensée collective ? Ils sont en effet le fait de « partenaires animés par leurs propres idées constamment confrontées à celles du groupe » (Baudrit, 2007a, p. 125). Par exemple, l'*induction* est relative à la représentation du problème à résoudre ou de la situation à explorer. Chacun a la sienne et est amené à la confronter à celles des autres, d'où de possibles occurrences de *conflit*. Ce qui est de nature à augmenter la *charge cognitive* au niveau individuel : « Il n'est pas toujours aisé de s'approprier le point de vue des autres, d'associer les connaissances des uns et des autres » (p. 124). De même, lors d'une activité collective, l'*explication* renvoie à tout ce qui touche à l'élaboration ou à l'argumentation (Ploetzner, Dillenbourg, Praier & Traum, 1999). Au plan purement individuel, voilà une démarche qui ne manque pas d'intérêt. En général, des « bénéfices cognitifs sont retirés par les personnes qui se livrent à ce type d'activité, qui se chargent d'expliquer à d'autres tel ou tel aspect d'un problème ou d'une situation. Phénomène également connu sous le nom d'*effet-tuteur* (Barnier, 1994 ; Guichard, 2003) » (Baudrit, 2007a, p. 124). Les Anglo-saxons n'ont-ils pas l'habitude de dire « qu'enseigner, c'est apprendre une seconde fois » (Baudrit, 2002, p. 48) ? Oui, mais l'explication a avant tout pour vocation de venir en aide à autrui. Alors, comment est-elle reçue et interprétée par cet autrui ? Lui est-elle utile ? Est-elle au contraire insuffisante ? C'est dans le retour que la personne aidée adresse à la personne aidante qu'il y a lieu de trouver les réponses à ces interrogations. À partir de là, la personne aidante peut intervenir de nouveau pour reformuler son explication, l'ajuster ou la préciser. Et ainsi de suite. Sous la notion de *processus*, telle que considérée par Dillenbourg (1999), il convient donc de voir un chassé-croisé permanent entre des opérations intra et interindividuelles mises en œuvre par les membres d'un groupe collaboratif. Enfin, la quatrième notion convoquée par cet auteur a trait aux *effets*.

En fait, il s'agit d'un point problématique tellement les conséquences de l'AC peuvent être nombreuses et variées en termes d'apprentissage, de développement intellectuel ou d'acquisition de connaissances. Tout ceci parce que l'AC couvre « une variété de contextes et d'interactions » (Dillenbourg, 1999, p. 16).

C'est par exemple le cas des activités d'écriture où plusieurs modalités ont été étudiées. Elles peuvent être classées en deux grandes catégories :

> La première concerne des activités collaboratives où les élèves travaillent ensemble dans le sens d'une production commune [...]. La seconde a trait à des activités d'entraide où les productions sont individualisées. Chacun écrit son propre texte et profite du soutien de ses partenaires de travail (Baudrit, 2007a, p. 124).

Cinq modalités sont identifiées par Saunders (1989) à l'intérieur de ces deux catégories, elles sont respectivement nommées *co-writing*, *co-publishing*, *co-responding*, *co-editing* et *writing-helping*. Une rapide comparaison entre la première et la dernière donne un aperçu de l'ampleur du registre interactif couvert. Le *co-writing* fait qu'à tout moment les membres des groupes d'écriture « travaillent ensemble à la réalisation d'un texte unique [...]. Il n'y a pas un instant où l'activité collective ne soit pas sollicitée, où les partenaires ne soient pas impliqués dans la production commune » (Baudrit, 2007a, p. 82). Pour cette raison, Saunders (1989) voit là une modalité « totalement collaborative parce que les pairs se partagent la responsabilité du texte » (p. 124). Le *writing-helping*, quant à lui, est fondé sur « la décision des personnes. Elles écrivent leurs propres textes et, le cas échéant, de manière ponctuelle ou non, elles demandent à un partenaire de les aider. Sans qu'il y ait obligation de réciprocité » (Baudrit, 2007a, p. 83). Saunders (1989) parle alors d'« aide permise » (p. 104). Collaboration totale *vs* collaboration partielle, le principe d'*autonomie* est toutefois respecté dans les deux cas. Dans le premier au plan collectif, dans le second à un niveau plus individuel. Mais comment apprécier les effets de l'AC dans des conditions aussi distinctes ? Comment mesurer les progrès ou non-progrès des acteurs en matière de production écrite lorsque ceux-ci collaborent différemment ? Le problème ne se situe pas tant au niveau de l'activité-support (ici la production écrite) que des façons de la traiter de manière collaborative. Trop de différences entre elles rendent la comparaison quasi caduque en termes d'analyse d'*effets*. Ce constat amène Dillenbourg (1999) à préconiser l'ouverture de la « boîte noire » de l'AC, ce qui revient « à 'zoomer' sur les interactions collaboratives pour mieux comprendre les mécanismes sous-jacents » (p. 124). D'où l'importance accordée aux trois autres notions (la *situation*/les *interactions*/les *processus*) évoquées par cet auteur.

C'est donc à partir de quatre notions (dont trois paraissent majeures) que Dillenbourg (1999) a construit une *théorie de l'apprentissage collaboratif* dont le mérite est très certainement de combler un vide, à savoir l'absence de définitions vraiment satisfaisantes de ce type d'activité collective. Est-ce que des mots manquent pour la spécifier convenablement ? Est-elle difficilement appréhendable au regard d'une certaine complexité ? Se prête-t-elle mal à la clarification ? S'il paraît difficile de la définir, il est peut-être moins complexe de la formaliser, c'est en tout cas la stratégie adoptée par cet auteur. La notion de *situation* contribue à positionner les participants en tant qu'égaux animés par un but commun dont l'atteinte suppose un travail collectif. Mais s'ils sont sur un pied d'égalité en termes de statut et de place, ils n'ont pas obligatoirement le même point de vue sur la façon de mener à bien l'activité collaborative. C'est là que l'*hétérogénéité* peut agir en tant que catalyseur des échanges avec des interlocuteurs confrontés à leurs divergences et pratiquement contraints de les surpasser dans l'intérêt commun. La notion d'*interactions* est à considérer dans la continuité de cette logique. Des interactions qui sont donc le fait de participants qui ont à trouver par eux-mêmes des solutions à leurs désaccords ou controverses. Pour ce faire, la qualité de leurs échanges est à privilégier par rapport à leur quantité. De cette manière en effet, ils paraissent plus à même d'examiner le contenu des interventions réalisées au sein du groupe, de les analyser et d'y répondre ou de réagir à titre individuel. C'est précisément le propre de la notion de *processus* que de prendre en compte cet ensemble d'opérations intra et interindividuelles dont les *effets* ne sont que les conséquences de l'intensité et de la teneur de l'activité collaborative déployée par les partenaires de travail.

Les trois premières notions, donc jugées comme primordiales par Dillenbourg (1999) pour caractériser l'AC, peuvent ainsi être liées sous l'expression suivante : « situation interactive processuelle ». Il convient d'y voir une situation où les conditions de l'échange (notamment en termes de parité et d'hétérogénéité) font que les acteurs interagissent sur la base de divergences ou de désaccords qu'ils ont à surmonter par le biais de tout un jeu d'opérations intra et interindividuelles. Au gré d'échanges plus ou moins éprouvés et de connaissances plus ou moins maîtrisées, ils sont amenés à construire, explorer, expérimenter, voire découvrir ensemble. Pour plusieurs auteurs, le stade de la découverte collective est d'ailleurs à situer au summum de l'activité collaborative (Baudrit, 2009 ; Bruffee, 1995 ; Damon, 1984 ; Damon & Phelps, 1989a). Mais les voies pour y parvenir ne sont pas obligatoirement similaires.

Deux écoles de pensée se distinguent effectivement en la matière. Côté américain il est question de *collaboration constructive*, côté européen de *collaboration contradictoire* (Baudrit, 2009 ; Damon & Phelps, 1989a). Cette dernière est à situer dans la mouvance de l'École de Genève dont il a déjà été question. C'est dans le « choc des idées » (Damon & Phelps, 1989a) qu'il y a lieu de trouver son originalité, un choc « qui suscite le besoin de réexaminer, revoir, et justifier sa propre vision du monde » (p. 143). C'est tout l'intérêt du conflit cognitif (Piaget, 1975) dans lequel plusieurs auteurs voient pourtant une limite :

> Le psychologue de Genève est plus enclin à s'intéresser aux conséquences du désaccord sur le développement intellectuel qu'à la façon de le surmonter à plusieurs (Bearison, Magzamen & Filardo, 1986 ; Damon & Phelps, 1987 ; Azmitia, 1988 ; Tudge & Rogoff, 1989) (Baudrit, 2009, p. 108).

Un nécessaire *effort collaboratif* (Clark & Brennan, 1991) est bien requis en la circonstance, lorsqu'il s'agit de confronter des points de vue différents ou de dépasser des oppositions. Cet effort est assimilé par Baker, Hansen, Joiner et Traum (1999) à un *processus de réparation* :

> La nécessité de parler de sujets qui ne font pas l'objet de significations partagées n'est pas un problème mais, en fait, un avantage [...]. Afin de démêler ces différences d'interprétations, les participants sont obligés d'expliciter leurs présupposés, d'argumenter, de raisonner et de fournir des exemples (p. 42).

Mettre au grand jour les dissensions et essayer de les dépasser, tout ceci suppose la mise en mouvement d'une « gymnastique intellectuelle plutôt saine vu ce qu'elle permet au plan intra-individuel en termes de réflexion, raisonnement ou argumentation » (Baudrit, 2017, p. 239). Et le fait que chacun puisse réinvestir de telles plus-values intellectuelles dans le débat collaboratif est bien de nature à l'enrichir. Un débat qui de nouveau a pour vocation de solliciter la réflexion personnelle, et ainsi de suite. À l'image de la *causalité en spirale* décrite par Doise et Palmonari (1984), les opérations intra et interindividuelles sont susceptibles de se nourrir réciproquement dans un sens majorant avec des interlocuteurs enclins à jouer le jeu de la *collaboration contradictoire.*

De son côté, la *collaboration constructive* est à associer à la psychologie américaine d'obédience vygotskienne qui voit dans les « régulations interpsychiques » l'essence même de l'activité collaborative (Forman, 1987). Par leur biais, les partenaires de travail sont d'abord censés construire et maintenir au fil du temps une conception partagée d'un problème (Roschelle & Teasley, 1995). Il vaut mieux en effet que le problème auquel ils sont confrontés fasse consensus, qu'il ne soit pas interprété différemment par les uns et les autres. Faute de quoi le travail collaboratif risque de tourner court, de ne pouvoir se poursuivre dans le sens de la résolution du problème identifié. Les conditions qui président à la recherche et à la conservation d'un tel accord sont en général à trouver dans la mise en œuvre d'habiletés sociales qui amènent chacun à « participer à l'activité collective, à prendre la peine d'écouter et de comprendre les autres » (Baudrit, 2009, p. 104). Ensuite, il s'agit de « coordonner des perspectives et de co-construire des hypothèses pour arriver à une réponse commune » (Tudge & Rogoff, 1989, p. 28). Cette réponse a valeur de solution ultime au problème identifié, évidement si elle présente un caractère satisfaisant pour les participants. Les coordinations sociales ainsi mobilisées présentent donc « un aspect constructif [et non plus conflictuel], pour favoriser l'exploration d'un domaine non connu (Kruger & Tomasello, 1986) » (Baudrit, 2009, p. 110). En conséquence, c'est dans le processus de *co-construction* qu'il y a également lieu de voir les régulations interpsychiques à l'œuvre, processus impliqué dans la gestion « de tâches mutuelles qui amènent les partenaires à travailler ensemble pour produire quelque chose qu'aucun ne peut produire seul » (Forman & Cazden, 1985, p. 329). Les principales caractéristiques de la *collaboration constructive* se présentent ainsi outre-Atlantique.

Voilà deux versions de l'*apprentissage collaboratif* basées sur des fondements scientifiques distincts avec, d'un côté, la psychologie européenne influencée par l'École de Genève et, de l'autre, la psychologie américaine d'inspiration vygotskienne. Une *logique d'opposition* semble à l'œuvre dans le cadre de la *collaboration contradictoire* quand une *logique de coordination* paraît spécifier la *collaboration constructive* (Baudrit, 2009, p. 108). En effet, dans le premier cas les interlocuteurs sont amenés à confronter des points de vue plus ou moins divergents dans la perspective d'une découverte collective, dans le second ils sont conduits à associer leurs savoirs respectifs pour essayer de trouver une ou des solutions à un problème inédit. *Apprendre contre* vs *apprendre avec*, ce sont les deux formes d'apprentissage identifiées en la circonstance. Sont-elles irrémédiablement dissociables ? Totalement incompatibles ?

Il convient d'abord de rappeler que l'AC a pour vocation de contribuer à la connaissance du monde et, en particulier, à ce qu'il donne à voir en matière de nouveauté ou de découverte (Dillenbourg, 1999). Et sur ce point précisément « Piaget et Vygotski partagent l'idée que les enfants sont actifs dans leur développement, qu'ils accèdent à la connaissance du monde grâce à l'activité » (Tudge & Rogoff, 1989, p. 18). Cette observation incite à envisager un rapprochement entre les deux orientations aperçues, voire à leur trouver un point commun dans l'idée qu'il est à chaque fois question « d'explorer à plusieurs un domaine plus ou moins insolite et, ce faisant, de réorganiser des connaissances ou de découvrir des idées nouvelles (Damon & Phelps, 1989a) » (Baudrit, 2009, p. 112). À partir de là, l'activité collective déployée par les partenaires de travail mérite bien quelques interrogations : « S'associer ou s'opposer reviendraient-ils au même en pareilles circonstances ? Le fait *d'apprendre avec* ou d'*apprendre contre* serait-il accessoire ? » (p. 112). Il y a effectivement de cela si l'essentiel du travail collaboratif est considéré au travers de « l'activité exploratoire que les partenaires sont capables de mener conjointement » (p. 112). Ces deux versions de l'AC ne se présentent donc pas comme mutuellement exclusives de manière systématique, elles pourraient par ailleurs se révéler complémentaires.

Cette dernière observation a pu être faite auprès d'élèves âgés de 8-9 ans confrontés, à la faveur d'activités dyadiques, à l'apprentissage de la multiplication par le biais de la décomposition des nombres en base dix (Baudrit, 1997) (voir Annexe 1). L'analyse des échanges mis en œuvre par un binôme (Clément et Damien) montre deux temps interactifs lors de la réalisation de l'activité :

> Un premier au cours duquel les élèves travaillent ensemble, ils s'entraident, se fournissent des informations, adoptent des rôles complémentaires [l'un écrit et l'autre vérifie]. Le second temps se caractérise par un désaccord. Clément souhaite faire la multiplication avant de réaliser la décomposition des nombres, stratégie contraire à la procédure habituelle. D'où la réaction négative de Damien [...]. Effectivement le quatrième exercice est réalisé 'à l'envers'. La multiplication est calculée avant que les nombres n'aient fait l'objet d'une décomposition en base dix (Baudrit, 2009, pp. 107-108).

Une *logique de coordination* est repérée au début de la séquence collective quand une *logique d'opposition* l'est plutôt à la fin : « 'Apprendre avec'/'apprendre contre', ces deux élèves paraissent avoir fait le cheminement qui mène de l'un à l'autre » (Baudrit, 2009, p. 108). Mais le mouvement contraire est également possible. Il est par exemple visible dans une école élémentaire américaine où McCarthey et McMahon (1992) ont observé et analysé des activités groupales organisées suite à une sortie éducative effectuée dans un musée d'histoire naturelle. Les élèves (réunis par quatre) doivent élaborer un document relatif à cette sortie en l'absence de tout thème imposé. C'est à eux de le déterminer collectivement. Le groupe constitué par Mei-Lin, Juanita, Roberto et Jonathan s'est comporté de la sorte :

> Les élèves s'expriment individuellement sur les thèmes qu'ils souhaiteraient présenter. Ils parviennent assez rapidement à trouver le point commun qu'il y a entre 'les premiers hommes', 'les animaux disparus' et 'les dinosaures' ; ce sont des 'créatures disparues'. Ils sont ensuite confrontés au problème suivant. Ils recueillent des informations contradictoires à ce sujet, informations qu'ils décident de spécifier dans la plaquette non sans avoir essayé de les élucider auparavant, de voir pourquoi elles ne vont pas dans le même sens. Le travail d'écriture se fait à la fois de façons individuelle et collective, les élèves confrontent leurs points de vue respectifs, s'entraident lorsqu'ils rencontrent des difficultés par exemple pour orthographier des mots ou pour se remémorer certains moments de la visite au musée d'histoire naturelle. La plaquette prend forme ainsi, à partir de divergences interindividuelles qui essaient d'être collectivement négociées, sur la base d'un soutien mutuel quand les circonstances l'exigent. C'est ainsi que les élèves s'approprient le thème étudié, font des découvertes sans avoir recours à l'enseignante ou à un quelconque intervenant externe (Baudrit, 2018b, pp. 39-40).

Après avoir trouvé un thème commun à partir d'idées différentes, ces quatre élèves entament le travail d'écriture en essayant de mettre à profit des informations plutôt disparates qui suscitent des débats ou des confrontations de points de vue. Le texte prend progressivement forme sur ces bases, les difficultés rencontrées en matière d'écriture sont gérées de façon collective grâce à de l'entraide ou de l'accompagnement réciproque. Ainsi, une *logique d'opposition* fait progressivement la place à une *logique de coordination.* « Apprendre contre » / « apprendre avec », ces quatre élèves semblent être passés de l'un à l'autre lors cette séquence collective.

Faute d'être défini de façon satisfaisante, l'*apprentissage collaboratif* a donc fait l'objet d'un montage théorique de la part de Dillenbourg (1999) à partir de quatre notions dont trois présentent un caractère essentiel quand la quatrième est jugée comme naturellement subséquente. La *situation*, les *interactions* et les *processus* sont mis en valeur par cet auteur, les *effets* étant finalement considérés comme ce qui en découle tout logiquement. Est-il attendu de la *collaboration contradictoire* des effets équivalents à ceux produits par la *collaboration constructive* ? En termes d'apprentissage, l'une et l'autre ont-elles les mêmes conséquences ? Il semble bien que non dans la mesure où la première est plutôt propice à un réexamen individuel des connaissances alors que la seconde se solde en général par une acquisition personnelle de connaissances (Baudrit, 2009, p. 111). Pour un apprenant, retravailler ce qui est acquis n'est pas la même chose que compléter ce même acquis. Les trois notions en question peuvent toutefois être condensées sous l'expression « situation interactive processuelle » pour spécifier des conditions d'échanges où l'hétérogénéité des points de vue exprimés est de nature à déclencher toute une série d'opérations intra et interindividuelles. C'est de la sorte que les participants, de manière autonome, peuvent ensemble se livrer à des recherches ou investigations. Et là encore, en termes d'*effets*, il y a lieu de distinguer la découverte collective plutôt associée à la *collaboration contradictoire* et le fait de trouver des solutions à un problème inédit généralement propre à la *collaboration constructive.*

Des complémentarités entre ces deux formes de collaboration ont également été repérées. Dans un cas, la *logique d'opposition* s'inscrit en continuité de la *logique de coordination*, dans l'autre, c'est le mouvement contraire qui se produit. Ces changements de registres interactifs pourraient bien révéler des stratégies adaptées aux tâches ou activités auxquelles les interlocuteurs sont confrontés. Ils ont parfois besoin de faire état de leurs divergences au regard d'un problème avant d'engager une activité de résolution collective de celuici. Cette dernière est difficilement envisageable en l'absence d'un accord quant à la perception du problème à résoudre. À d'autres moments, les partenaires peuvent initier un travail en commun lorsqu'il s'agit de mener une investigation sur un thème inédit et s'apercevoir, à la longue, qu'il présente quelques failles ou imperfections. D'où de possibles dissensions entre eux qui ne présentent pas obligatoirement un caractère négatif. Ce peut être l'occasion d'expérimenter de nouvelles pistes de recherche ou de nouveaux modes d'enquête. Cet ensemble d'observations incite à ne pas voir les activités collaboratives comme régulières et homogènes, mais au contraire à les considérer comme possiblement diversifiées et composites. Au nom du principe d'autonomie, les participants ont en effet la possibilité de les concevoir et de les conduire comme ils l'entendent. C'est tout l'intérêt de l'*apprentissage collaboratif* que d'autoriser souplesse et flexibilité, contrairement à l'*apprentissage coopératif* conçu sur un mode plus structuré et organisé qui, de ce fait, limite la marge de manœuvre des acteurs en présence (Baudrit, 2005, 2007b).

De la pratique d'enquête à l'apprentissage collaboratif : des constantes et des variations au fil du temps

Si l'initiateur de la *pratique d'enquête* est bien Dewey (1938), il convient cependant d'essayer d'apprécier son empreinte sur les prolongements qu'elle a pu susciter. Par exemple, Pedaste *et al.* (2015) reconnaissent que le séquençage de l'*apprentissage par enquête* trouve ses principaux fondements dans celui que Dewey a initialement décrit, à savoir la définition d'un problème, la formulation d'une hypothèse et la conduite d'une expérimentation. De même, lorsque Dewey (1938) souligne l'intérêt pour les élèves d'être mis en présence de situations indéterminées ou ambigües, Dillenbourg (1999) préconise un *apprentissage collaboratif* précisément basé sur la confrontation à des situations non encore connues d'eux. Ne sont-elles pas elles aussi dérangeantes, obscures ou confuses comme le souhaitait Dewey (1938) ? Il y a encore dans la notion de *communauté d'enquête*, chère à Dewey (1916/1990), une idée que l'on retrouve chez des auteurs qui voient dans l'*apprentissage collaboratif* une modalité apte à faire que des personnes puissent construire, créer, ou rechercher ensemble (Baudrit, 2009 ; Racheva, 2018 ; Ting, Lam & Shroff, 2019). Les exemples ne manquent donc pas pour montrer ce que de nombreux auteurs doivent au philosophe américain en matière d'activité collective à des fins de recherche ou d'investigation. Mais s'agit-il d'une influence à caractère linéaire ? Constante quelles que soient les modalités collectives examinées ? Évidente pour chacune d'entre elles ?

Déjà, le doute fait place à la curiosité lorsqu'il est question de passer de la *pratique d'enquête* à l'*apprentissage par enquête*. Dans le premier cas, il s'agit d'un état psychologique causé par une situation déstabilisante parce que nouvelle ou problématique. Festinger (1957) parle de *dissonance cognitive* pour décrire l'inconfort psychologique ainsi créé. D'où les stratégies de sortie de cet inconfort développées par les personnes afin de recouvrer un confort psychologique auquel le même auteur donne le nom de *consonance cognitive*. Dans le cadre de la *pratique d'enquête*, cet état de consonance paraît survenir lorsque la situation examinée devient cohérente, prend un caractère logique aux yeux des personnes (Dewey, 1938). Lever le doute, voilà ce qui est escompté en la circonstance. Un parallèle avec le *processus de réparation*, dont il a déjà été question à propos de l'AC, n'est pas impossible vu qu'il s'agit effectivement de rechercher un accord interindividuel à partir de divergences de points de vue (Baker *et al.*, 1999). Des divergences susceptibles de déstabiliser intellectuellement font qu'en général les partenaires de travail, par le biais d'explications ou de justifications, se mettent en quête d'une position consensuelle plus acceptable pour eux notamment sur le plan relationnel. Le mécanisme de la curiosité est d'un autre ordre dans la mesure où, dans le contexte de l'*apprentissage par enquête*, il est suscité par le caractère énigmatique ou étrange inhérent à un fait, une situation ou un événement. En ce sens, l'attention des témoins ou des observateurs est sollicitée ce qui est de nature à initier leur « participation active » (Pedaste *et al.*, 2015). Le processus est assimilable à une forme d'*engagement interne* (Kiesler, 1971) dans la mesure où ce sont les personnes elles-mêmes qui font le premier pas, elles font le choix de s'investir dans l'examen de ce qu'elles jugent difficilement explicable, voire plus ou moins occulte. En somme, quand le doute s'impose aux gens de l'extérieur, la curiosité les incite au contraire à s'impliquer personnellement. Mais, en l'occurrence, ces différentes conduites ont en commun d'être envisagées sur un mode autonome. Qu'il s'agisse de l'« auto-contrôle de la pensée » tel que perçu par Fabre (2009) dans les travaux de Dewey (1910), de l'« autonomie de la conscience » (Piaget, 1932/1992) ou encore de l'« autogestion » préconisée par Pedaste *et al.* (2015), à chaque fois les activités collectives sont placées sous le sceau de l'autonomie. Dans cet esprit, les interlocuteurs disposent d'une marge de manœuvre importante pour mener à bien leurs investigations. Dewey (1910), Piaget (1976) et Vygotski (1935/1978) comptaient bien voir les élèves ou les étudiants se comporter de la sorte, c'est-à-dire comme des « apprenants-chercheurs » capables de mettre à l'œuvre les méthodes ou procédés utilisés par les chercheurs pour, eux aussi, faire des découvertes et acquérir de nouvelles connaissances. Mais les chemins empruntés peuvent varier d'un auteur à l'autre ou d'une pratique à une autre.

Si à chaque fois il y a un problème à identifier qui suscite un questionnement, la suite du processus d'enquête prend des formes différentes. Dans le cas de la *pratique d'enquête*, il s'agit pour les participants de trouver une solution au problème repéré et, pour ce faire, ils ont à élaborer une hypothèse. Elle est le fruit de toute une série de suggestions, de là quelques idées émergent, et c'est à partir d'elles que l'hypothèse est formulée. Le mécanisme de la *transaction* est à l'œuvre durant toute cette phase où il est question d'échanger dans le but de décider et de délibérer (Dewey & Bentley, 1949). Ensuite vient le temps de l'expérimentation où les faits observés sont considérés comme des preuves, d'eux dépend le degré de validité de l'hypothèse testée. La logique déductive est reconnaissable ici à l'appui de « la force indicative des données, à condition qu'elles soient sécurisées par des opérations expérimentales indépendantes [...]. La confirmation d'une hypothèse est réalisable de cette façon » (Dewey, 1938, p. 319). Cette logique est également visible dans le cadre de l'*apprentissage par enquête*, mais ce n'est pas la seule. La logique inductive l'est aussi à partir de questions de recherche que se posent les personnes ce qui, une nouvelle fois, constitue une marque d'engagement de leur part dans le processus de recherche. Dans ces conditions, il s'agit plus d'explorer que d'expérimenter. Cette démarche est qualifiée d'« heuristique » par Fabre (2017) avec des partenaires de travail qui ont la possibilité d'être inventifs en utilisant des procédés d'investigation diversifiés (tâtonnement, analogie, métaphore, etc.) pour essayer de trouver des solutions rationnelles aux problèmes examinés. Ainsi, les approches déductive et inductive peuvent être mises en œuvre simultanément ou alternativement lorsqu'il est question d'*apprentissage par enquête*. Tout comme l'expression « blended learning » désigne, dans le domaine des apprentissages, des dispositifs hybrides dont la particularité est « de combiner une ou plusieurs dimensions : en ligne/hors ligne, individuel/collaboratif, contenu formel/informel, théorie/pratique, etc. » (Peraya, Charlier & Deschryver, 2014, p. 17) ; il ne paraît pas incongru de parler de « blended inquiry » s'agissant de pratiques d'enquête réalisées à l'appui de différentes formes d'investigation. Dans la même veine, par le biais de la notion de « blended collaboration » il pourrait être fait référence à des modes d'AC où sont associées les deux orientations, constructive et contradictoire, correspondant aux deux écoles de pensée dont elles sont issues. À chaque fois, le caractère d'hybridité est présent au regard des éléments constitutifs mobilisés.

Quelques décalages ont déjà été notés entre la *transaction* liée à la pratique d'enquête et la *discussion* propre à l'apprentissage par enquête. Quand Dewey et Bentley (1949) voient dans la première une sorte de négociation menée par des interlocuteurs dans le but d'avoir une vision consensuelle d'une situation ou d'un problème, Pedaste *et al.* (2015) considèrent la seconde dans un sens très large. Elle est le fait de personnes qui échangent tout au long du processus d'enquête et non seulement à des moments particuliers de celui-ci ou à des fins bien spécifiques. Comme, par exemple, lorsqu'il s'agit de remettre à l'épreuve une hypothèse ou une idée. C'est là que la *transaction* se donne à voir comme une sorte de sous-ensemble de la *discussion*. Cette dernière est de nouveau identifiable lorsqu'il est question *d'apprentissage collaboratif*. Dans ce cas, elle est à mettre en lien avec une forme de langage que Vygotski (1934/1985) qualifie de *social*. En vertu du processus d'intériorisation, les dialogues entre pairs sont alors progressivement amenés à nourrir l'activité intellectuelle de chacun et, ce faisant, ils peuvent contribuer aux apprentissages individuels. Tout ceci dans un contexte d'ouverture toujours au nom du principe d'*autonomie*. Tout est donc fait pour que l'exploration collective soit possible, pour que les partenaires de travail puissent travailler librement dans une perspective de découverte (Baudrit, 2007a). Ils ont alors l'opportunité de se livrer à des *dialogues d'errance* (Mesnier & Omont, 1985) qui sont en général « aperçus lorsque des coéquipiers tâtonnent, cherchent, essaient de trouver ensemble une solution à un problème inconnu d'eux » (Baudrit, 2009, p. 112). De même, les *discussions exploratoires* (Mercer, Wegerif & Dawes, 1999 ; Mercer & Littleton, 2007) peuvent survenir en pareilles circonstances. Parce que basées sur la rencontre de points de vue divers au sein des groupes, elles « incorporent à la fois la réflexion critique, la confrontation constructive et le partage ouvert d'idées » (Morales Villabona, 2019, p. 64). Dans le même ordre d'idées, des *discussions enjouées* ont été observées par Daiute (1989) chez de jeunes enfants impliqués dans des activités d'écriture. Elles leur permettent aussi d'exercer la pensée critique mais à leur manière, c'est-à-dire en utilisant un vocabulaire qui leur est propre et par le biais de stratégies ludiques (jeux de rôle, langage imagé, préconcepts, etc.). Voilà tout un ensemble de fonctionnements collectifs qui ont en commun d'être gérés par les acteurs mêmes dans l'esprit des *communautés d'enquête*, c'est-à-dire réunis de telle façon qu'ils puissent créer et rechercher activement (Dewey, 1902/2001). Mais ce sont des *communautés d'enquête* à géométrie variable compte tenu de l'âge des participants, du temps dont ils disposent pour œuvrer ensemble ou des situations auxquelles ils sont confrontés. Maintenant que dire des phases finales censées mettre un terme aux différents processus d'enquête ?

Elles semblent plus se prêter à des relances qu'à des arrêts définitifs. Pour Dewey (1938), c'est l'occasion de retester les procédures et moyens utilisés sur de nouveaux problèmes, de mener des enquêtes encore plus poussées et précises. Selon lui, la *pratique d'enquête* autorise des résultats qui n'ont qu'une valeur provisoire, les conclusions n'ont rien d'irrévocables. C'est une position scientifique révélatrice d'un pragmatisme « [en particulier celui de Dewey] qui s'intéresse surtout au processus par lequel l'expérience s'accroît et s'approfondit »

(Fabre, 2008, p. 9). C'est donc par le biais de l'expérience, de constantes remises à l'épreuve, que la *pratique d'enquête* acquiert sa légitimité scientifique. Du côté de l'*apprentissage par enquête*, les relances en question sont plus d'ordre théorique. Elles ont pour vocation d'ouvrir de nouvelles perspectives, de réinterroger les conclusions de l'enquête notamment par le biais d'« un retour à la phase de conceptualisation pour revoir les questions existantes, définir de nouvelles questions ou hypothèses, ce qui fait entrer l'apprentissage par l'enquête dans un processus cyclique » (Pedaste *et al.*, 2015, p. 57). Enfin, c'est au niveau des effets que la phase terminale de l'*apprentissage collaboratif* peut être questionnée, des effets d'ailleurs très variables d'une pratique collaborative à l'autre. La découverte collective est plutôt le fait d'acteurs qui interagissent sur le *mode contradictoire*, ceux qui adoptent la *forme constructive* se donnent plus les moyens de résoudre des problèmes inédits (Baudrit, 2009). Mais des modalités complémentaires ou mixtes sont susceptibles de modifier ou d'infléchir le cours des choses, comme si les partenaires de travail adaptaient leurs stratégies interactives en fonction des difficultés ou obstacles rencontrés lors de leurs activités collaboratives. Dans ces cas-là, il y a lieu de considérer qu'ils mettent à profit l'autonomie dont ils disposent.

Il s'agit d'une dimension qui traverse effectivement l'ensemble des formes d'enquête examinées. L'« auto-contrôle de la pensée » est très lié à la conception deweyenne de la *pratique d'enquête* (Fabre, 2009, p. 22). De même il y a, dans les *communautés d'enquête* telles qu'imaginées par Dewey (1916/1990), l'idée qu'il s'agit de collectifs dont la marge de manœuvre est importante au regard de leur fonctionnement démocratique. La notion de « réflexion personnelle » (Justice, Warry, Cuneo *et al.*, 2002) est reprise par Pedaste *et al.* (2015) pour caractériser ce qui, dans le cadre de l'*apprentissage par enquête*, est à l'œuvre en matière d'activité cognitive chez les participants. Ces derniers auteurs signalent également la nécessaire « autogestion » requise en pareil cas. Elle est censée faire que les mêmes participants soient en quête de nouvelles connaissances et impliqués dans une dynamique de découverte. L'*apprentissage collaboratif* n'échappe pas à la règle et c'est notamment en cela qu'il est à différencier de l'*apprentissage coopératif* (Baudrit, 2007b). Les influences de Piaget (1932/1992) et de Dewey (1910) sur le premier sont palpables en ce qu'elles attribuent au principe d'*autonomie* un rôle majeur dans le fonctionnement collaboratif. D'ailleurs les concepteurs de la méthode GI (*Group Investigation*), mise en œuvre dans le système éducatif israélien, se sont inspirés des idées de Dewey sur la question :

> L'aspect relationnel et social de cette technique est souligné par ses principaux promoteurs (Sharan & Hertz-Lazarowitz, 1980 ; Sharan & Sharan, 1992). Avant toute chose,

> il est important que les élèves puissent se côtoyer, échanger, partager des idées, les mettre en perspective. La classe comme lieu de vie est bien perceptible ici, idée chère à Dewey (Baudrit, 2007a, p. 25).

L'autonomie consubstantielle à cette méthode fait que les élèves

> ont le libre choix de leurs partenaires, de leurs thèmes d'étude, de leurs façons de s'organiser, de leurs stratégies de travail. L'enseignant s'efface autant que faire se peut, il intervient seulement pour relancer les discussions groupales ou pour aider les élèves le cas échéant. Tout est fait pour que des formes d'interdépendance assez souples soient adoptées par les pairs. La contrainte externe est réduite à sa plus simple expression (Baudrit, 2005, p. 57).

C'est bien dans cet esprit que sont conçues les différentes formes d'enquête passées en revue.

S'il y a bien un fil rouge dans cette affaire, il y a aussi quelques mutations ou évolutions qu'il convient de mentionner. D'abord le doute inhérent à la *pratique d'enquête* cède progressivement la place à la curiosité propre à l'*apprentissage par enquête*. Le premier est suscité par le caractère déstabilisant d'une situation à caractère indéterminé qui, pour les personnes concernées, est à l'origine de questionnements ou d'interrogations. Il peut aussi être causé par des divergences dans le cadre de l'AC, d'où le *processus de réparation* mobilisé par les interlocuteurs à des fins d'accords interindividuels (Baker *et al.*, 1999). La curiosité est le fait d'acteurs attirés par le caractère énigmatique ou étrange d'une situation ou d'un événement. C'est ce qui anime leur quête de savoir. Lever un doute ou assouvir une curiosité, tels sont donc les deux défis auxquels les participants sont confrontés. Pour ce faire, ils ont la possibilité de mettre en œuvre des stratégies d'investigation de différentes natures. La *pratique d'enquête* est plutôt structurée sur le mode déductif avec, d'abord, l'élaboration d'une hypothèse relative à la résolution du problème identifié. Celle-ci est construite à partir de suggestions et d'idées qui peuvent faire l'objet de transactions entre partenaires de travail. Ensuite, l'expérimentation est réalisée au regard de faits observés qui se présentent comme des preuves. Le degré de validation de l'hypothèse est enfin apprécié sur cette base. De son côté, l'*apprentissage par enquête* est représentatif d'une double orientation méthodologique. Déductive toujours à l'appui de l'expérimentation, inductive où l'exploration est privilégiée à partir de questions de recherche. Après, l'interprétation des données est réalisée sur cette double base. Les discussions traversent l'ensemble de l'activité d'enquête, ce qui permet aux interlocuteurs d'avoir des échanges permanents. L'AC, quant à lui, peut prendre des directions distinctes notamment au regard des processus mobilisés. D'un côté une *logique d'opposition*, de l'autre une *logique de coordination* ; les collaborations contradictoire et constructive se différencient ainsi avec des participants eux aussi concernés par des échanges qui, dans le premier cas, autorisent la rencontre de points de vue divergents quand, dans le second, ils leur permettent de mettre en commun des savoirs. Mais comment tout cela se termine-t-il ?

En fait, dans tous les cas, il pourrait s'agir d'activités collectives sans véritables fins. Les conclusions dont nous parlent Dewey (1938) et Pedaste *et al.* (2015) se présentent plus comme des conclusions en sursis vu leur caractère provisoire. Le premier auteur préconise une reconduction des procédures utilisées afin, précisément, de mettre les conclusions initiales à l'épreuve d'une nouvelle enquête. Pour les seconds, il est surtout question de procéder à des approfondissements théoriques par le biais d'échanges entre les personnes concernées. De la sorte de nouveaux problèmes peuvent émerger et, en conséquence, de nouveaux cycles d'enquête sont susceptibles d'être initiés. Dans le même ordre d'idées, des relances en matière d'activités collaboratives ont pu être observées (Baudrit, 2009, 2013). Parfois, les participants sont confrontés à des limites en faisant usage de la modalité contradictoire, afin de les surpasser ils adoptent un mode plus constructif. D'autres peuvent être amenés à emprunter un cheminement inverse. Mais à chaque fois ils essaient de mettre à profit l'autonomie dont ils disposent pour avancer dans leurs recherches collectives. Les « apprenants-chercheurs » pourraient donc être confrontés au fait de ne jamais pouvoir mettre un terme à leurs recherches, d'être dans l'incapacité de clore leurs investigations. Comme si la contrepartie de cette autonomie prenait la forme d'une « fuite en avant » difficilement maîtrisable. Tel semble être le sort réservé à ceux qui font le choix d'investir de façon collective un domaine ou un objet de recherche particulier. Si le point de départ de l'*investigation collaborative* est en mesure d'être identifié, le point d'arrivée ne l'est pas obligatoirement.

Entre constantes et variations, les différentes activités d'enquête paraissent avoir traversé le temps, elles ont aussi été imaginées et développées par des auteurs issus de divers champs scientifiques. Elles ont en commun quelques éléments (le principe d'autonomie, l'idée de communauté de recherche, le caractère quasi illimité des investigations mises en œuvre) dont il est possible de trouver un condensé dans la notion de « débats libres » que Dewey (1916/1990) a pu expérimenter dans son « École Laboratoire » de l'Université de Chicago. Les participants ainsi réunis sont pratiquement libres tout au long du processus de recherche et leurs débats ou échanges ne le sont pas moins. Pour cet auteur, la dynamique intellectuelle est à ce prix : « La diversité des stimulations crée la nouveauté, et la nouveauté stimule la pensée » (p. 131). Et il est bien attendu des débats libres qu'ils favorisent la diversité des stimulations.

L'activité d'enquête a cependant connu des évolutions et des mutations au fil du temps. Elles peuvent se résumer en deux mots : diversification et hybridation. Une diversification palpable lorsque l'expérimentation propre à la *pratique d'enquête* se voit associée avec l'exploration dans le cadre de l'*apprentissage par enquête*. La seconde peut même avoir pour fonction de préparer la première. À partir de questions de recherche que se posent les participants au sujet d'un problème particulier, il leur devient possible d'exercer leur curiosité en prospectant de manière extensive, par le biais de recherches de données ou d'informations envisagées sous un angle très ouvert. Un tel recueil offre ensuite la possibilité d'opérer des tris, de sélectionner et de classer pour essayer de dégager une ou des hypothèses. L'expérimentation vient après pour les mettre à l'épreuve des faits. L'*apprentissage collaboratif* se donne également à voir sous une forme diversifiée avec deux orientations possibles. L'une basée sur une logique d'opposition où les interlocuteurs font état de leurs désaccords ou divergences, l'autre animée par une logique de coordination où il s'agit d'associer les connaissances ou savoirs des uns et des autres. Sans compter qu'il est possible de passer de l'une à l'autre en fonction des difficultés rencontrées ou des problèmes à résoudre.

D'un autre côté, l'hybridation est principalement à mettre en lien avec l'arrivée et l'utilisation des TIC dans le domaine de l'éducation et de la formation. Qu'autorisent-elles ? Qu'apportent-elles ? Quel peut être leur positionnement par rapport à la communication en présentiel ? Telles sont les principales questions qui se posent à leur sujet. Elles ont surtout pour caractéristique de permettre de communiquer à distance, de faire que des personnes physiquement éloignées puissent échanger « indirectement à travers différents canaux et moyens d'information ou de communication, à travers des dispositifs techniques et des systèmes de représentations, des langages particuliers » (Peraya, 1998, p. 4). De la sorte des communautés virtuelles peuvent effectivement voir le jour, en fait elles sont « bien réelles : elles comprennent de vraies personnes [...]. Le terme 'virtuel' indique simplement qu'une grande partie des communications repose sur des outils de communication électronique » (Dillenbourg, Poirier & Carles, 2003, p. 27). De vraies personnes animées par un objet de recherche commun ont ainsi la possibilité de travailler ensemble quelle que soit la distance qui les sépare. Le caractère extensif de tels regroupements est d'ailleurs souligné par Audran et Simonian (2009) dans la mesure où le réseau Internet se présente comme un « système collectif d'échange humain » (p. 9). Ce que Dillenbourg (2011) considère comme étant une « réalité augmentée » (p. 193). Les potentialités interactives se trouvent en effet renforcées et multipliées par rapport à ce qu'elles sont en général en présentiel vu les occurrences d'échanges offertes par ce type de réseautage. D'où de possibles conséquences chez les personnes qui partagent les mêmes centres d'intérêt notamment en termes de convergence :

> C'est bien ce qui est intellectuellement 'commun' qui est à l'origine de la notion de 'communauté' [de pratique, d'intérêt, d'apprentissage…] comme Dillenbourg *et al.* (2003) l'ont précisé dans leur définition multiple lorsqu'il est question d'apprendre collectivement en ligne. La communauté ne peut donc pas être confondue avec le groupe de membres 'inscrits', c'est-à-dire informatiquement interconnectés (Audran & Simonian, 2009, p. 9).

Un groupe de recherche peut se constituer de la sorte, c'est-à-dire sur la base d'un double mouvement. Centripète, de par l'intérêt commun qu'il suscite en termes d'activités scientifiques chez des personnes géographiquement dispersées ; centrifuge, à l'appui du réseau Internet qui permet d'atteindre et d'adjoindre des partenaires de travail éloignés. Ainsi, le principe de la « communauté d'enquête », tel que défini par Dewey (1916/1990), ne semble pas dévoyé au regard d'un fonctionnement assimilé à un atelier de travail ou à un laboratoire avec des participants qui, au lieu de d'interagir en présentiel, le font à distance. Et lorsque les deux modes de communication sont combinés ou associés il devient possible de parler d'*hybridation*. Ceci à l'instar des dispositifs mis en place dans les universités ou les grandes écoles où sont articulées « à des degrés divers, des phases de formation en présentiel et d'autres organisées à distance » (Peraya, Charlier & Deschryver, 2014, p. 16). Diversification et hybridation pourraient ainsi se présenter comme les tendances actuelles en matière d'activités de recherche. Reste maintenant à examiner comment elles se traduisent dans les faits, à voir ce qu'elles apportent en termes de découvertes collectives.

Chapitre 3
L'hybridation : une plus-value en matière d'investigation collaborative ?

Des situations interactives très contrastées ?

L'hybridation en matière d'activité de recherche pourrait donc trouver une illustration dans le fait qu'à certains moments les interlocuteurs échangent en présentiel quand, à d'autres, c'est à distance qu'ils se livrent à ce type d'exercice. Ils le font toujours dans l'esprit des communautés d'enquête à savoir sur la base de négociations permises par des dialogues libres et ouverts, propices aux débats critiques et afin de parvenir à un ou des accords interpersonnels (Garrison & Cleveland-Innes, 2005). Un tel agencement n'est pas dénué d'intérêt en matière d'activité interactive avec, d'un côté, des échanges à dominante plutôt quantitative et, de l'autre, à dominante plutôt qualitative. Les interactions en présentiel présentent en général un caractère synchrone, les prises de parole des différents interlocuteurs peuvent se succéder assez rapidement, d'où une certaine intensité propre à cette forme de communication (Fahy, Crawford & Aely, 2001 ; Vrasidas & McIsaac, 1999). Lorsqu'il est question de poster et d'échanger des messages, les interactions à distance sont par contre reconnues comme étant plus ou moins asynchrones en fonction des technologies utilisées (Dieumegard, Clouaire & Leblanc, 2006 ; Jézégou, 2010 ; Quintin, 2008). En conséquence, le temps de réflexion dont disposent les participants entre les différents messages est accru, ce qui peut constituer un gage de qualité interactive (Audran & Simonian, 2009 ; Wichadee, 2013). Cette dernière auteure voit d'ailleurs dans le rapport quantité/qualité un avantage qui a valeur de plaidoyer pour l'hybridation :

> La collaboration via Wiki permet aux apprenants d'étudier à leur propre rythme et de s'enquérir facilement du travail des autres membres. En même temps, la collaboration en présentiel est utile aux apprenants car sa structure leur permet de parler ; d'échanger entre eux et c'est grâce à ces discussions que de nombreux d'apprentissages se font (pp. 114-115).

En somme, quand la collaboration en présentiel permet des échanges de données et d'informations en grand nombre, la collaboration à distance offre l'opportunité de les examiner plus minutieusement, d'où une complémentarité jugée comme salutaire. Cela dit, les deux modes de communication en question présentent respectivement des points forts et des points faibles.

La communication en présentiel présente cette caractéristique d'être directe et non médiatisée (Peraya, 1998), d'où le fait qu'elle fonctionne sur la base des signes verbaux et non verbaux provenant des différents interlocuteurs. Au nombre des seconds, il est possible de recenser « le contact visuel, la posture corporelle, les gestes, la proximité physique, le contact et le sourire » (Bozkaya & Erdem Aydin, 2007, p. 74). Ils sont loin d'être accessoires en matière d'activité collective : « L'étude réalisée par Mehrabian (1967) suggère que les signes non verbaux augmentent la réceptivité des interlocuteurs qui, à son tour, favorise des interactions plus soutenues et plus immédiates » (p. 74). En d'autres mots, les signes non verbaux autorisent une meilleure lecture des intentions et suggestions propres à chacun d'où une compréhension mutuelle accrue à même, à son tour, de dynamiser les échanges. Cet aspect fait défaut lorsque les interlocuteurs communiquent par le biais de messages écrits où les indices non verbaux sont inexistants. Ce faisant, ces messages sont en général plus difficiles à comprendre que ceux véhiculés à la faveur d'une communication à caractère direct (Walther, 2012). L'état psychologique des participants peut d'ailleurs être affecté par ce genre de situation comme le montre une étude réalisée par Deng et Yuen (2010) auprès d'enseignants en formation. Ceux-ci échangent par le biais d'un blog universitaire au sujet de leurs pratiques pédagogiques et de leurs recherches documentaires. Les auteurs notent bien des effets positifs en matière d'expression individuelle, de réflexion personnelle et de soutien mutuel, mais les interactions asynchrones sont à l'origine d'une gêne, les participants ont l'impression de ne pas être vraiment interconnectés et leur motivation en termes d'apprentissage s'en ressent. Le fait de pouvoir se livrer à des échanges à caractère synchrone est de nature à réduire ce genre de difficultés, ce qui revient mettre en place des dispositifs hybrides (Blau & Shamir-Inbal, 2017 ; Blau, Shamir-Inbal & Avdiel, 2020 ; Weiser, Blau, & Eshet-Alkalai, 2018). La communication en présentiel vient en quelque sorte compenser les imperfections de la communication à distance. La stratégie inverse est également possible.

Elle s'explique par le potentiel interactif inhérent aux deux situations. Les communautés d'enquête qui se réunissent en présentiel sont en général composées d'un nombre limité de personnes quand celles qui travaillent à distance sont moins contraintes de ce point de vue (Audran & Simonian, 2009 ; Dillenbourg, Poirier & Carles, 2003 ; Dillenbourg, 2011). Qu'est-ce à dire en termes d'opportunités d'apprentissage ou de découverte ? Sont-elles du même ordre dans les deux cas ? Le caractère stéréotypé des échanges devient un travers possible lorsque quelques interlocuteurs se réunissent régulièrement pour travailler ensemble (Baudrit, 2007a). À la longue, ils peuvent rencontrer des limites en termes d'inventivité ou de renouvellement des idées, comme s'ils étaient victimes d'une sorte d'« endogénéité ». Le phénomène a été ainsi décrit :

> C'est comme cela que certains automatismes interactifs peuvent s'installer entre deux ou plusieurs personnes, mouvement qualifié d'*expériencié* au sujet de certains fonctionnements dyadiques (Baudrit, 1997, p. 128). En effet l'expérience répétée de la collaboration fait que les partenaires se connaissent de mieux en mieux. Les idées des uns et des autres perdent de leur étrangeté, il devient de plus en plus difficile de découvrir quelque chose de nouveau dans la pensée d'autrui (Baudrit, 2007a, p. 117).

À distance, il n'en est pas obligatoirement de même avec un jeu interactif qui se prête plus à l'ouverture et à la flexibilité. Le caractère extensif de telles communautés a déjà été souligné avec des « entrants » connus ou inconnus susceptibles de renforcer ou fragiliser leur fonctionnement. Une force et une faiblesse sont donc susceptibles d'être identifiées à cette occasion :

> Une faiblesse dans la mesure où les échanges peuvent venir de toutes parts, prendre des orientations aussi incohérentes qu'inattendues. Une force précisément au regard de ce dernier aspect. Ce flot interactif plus ou moins désordonné véhicule d'innombrables informations, données, idées, cognitions, etc. L'une d'entre elles peut révéler une question importante chez un participant, une autre peut susciter une interrogation non moins capitale chez un partenaire de travail, une autre encore pourra être à l'origine d'une connaissance non recherchée mais cruciale pour un autre interlocuteur (Baudrit, 2020, p. 78).

La collaboration à distance pourrait donc être sujette à des mouvements browniens dont une des principales caractéristiques est à trouver dans l'imprévisibilité. Cette dernière n'exclut donc pas que des découvertes puissent être faites par les partenaires de travail, mais une certaine opacité règne en la matière :

> Peu de recherches expliquent en quoi l'utilisation d'outils ouverts en ligne et d'applications – tels que le microblogging comme Twitter et les outils de bookmarking social – peut avoir un impact sur le hasard (Kop, 2012a). Il s'agit d'un domaine ouvert à des recherches plus poussées dont le but est d'étudier la nature et la réelle valeur de ces apprentissages fortuits et découvertes inexpliquées (Saadatmand & Kumpulainen, 2013, p. 76).

À ce moment-là, la notion d'*heuristique* peut être de nouveau convoquée, il en sera plus question dans le chapitre 4 avec les phénomènes liés à la *sérendipité*.

Des interactions en présentiel et à distance

Plusieurs investigations ont été menées dans une perspective comparative en fonction du type de communication utilisé par les interlocuteurs. La plupart du temps les uns échangent en présentiel sur le mode synchrone, les autres interagissent à distance de façon asynchrone notamment par le biais de messages postés. Tutty et Klein (2008) se sont livrés à ce genre d'étude auprès de 120 futurs enseignants en formation professionnelle dans une université américaine. Ils participent à un module d'initiation à l'informatique et sont associés en dyades. Les échanges à distance se font par le biais d'un outil de type *Chat* classé dans la catégorie CMC (*Computer-Mediated Collaboration*). Les dyades se réunissent deux fois par semaine lors de séquences de travail d'une durée de 75 minutes. Deux sortes d'activités attendent ensuite les participants. Ils passent des épreuves informatiques individuellement dans un cas et collectivement dans l'autre. La première situation permet d'identifier les progrès réalisés par chacun d'eux, la seconde ceux effectués par chaque dyade. En présentiel comme à distance, les interactions sont examinées au regard des activités de questionnement, des discussions, des encouragements manifestés par les interlocuteurs.

Tutty et Klein (2008) font un premier constat au niveau des épreuves finales. Elles montrent des progrès individuels importants suite aux interactions en présentiel et des progrès collectifs non moins importants suite aux interactions à distance. L'analyse des interactions mises en œuvre dans les deux cas permet de comprendre pourquoi il en est ainsi. En présentiel, les échanges, plutôt importants au début de la formation, ont par la suite tendance à décroître à tel point que certains étudiants en viennent à travailler individuellement lors des dernières séquences de travail. De plus, ces dyades « utilisent aussi des signaux visuels, tels que pointer vers leur écran pour fournir une explication au partenaire ou faciliter sa compréhension » (p. 119). À distance, la pente inverse est observée avec des participants dont les échanges augmentent avec le temps. Les activités de questionnement sont également nombreuses, elles ont pour avantage de stimuler l'activité collaborative comme quelques auteurs ont pu le montrer antérieurement :

> Hooper et Hannafin (1991) ont observé que le questionnement contribue aux apprentissages à l'intérieur de groupes collaboratifs. King (1989) a trouvé que les petits groupes où l'on se posait des questions liées à la tâche réussissaient mieux à résoudre les problèmes que les groupes où il n'y a pas de tels comportements interactifs (p. 119).

D'un côté l'activité collective paraît alimenter la réflexion individuelle vu l'orientation propre aux dyades présentielles, de l'autre les apports respectifs des participants paraissent progressivement donner corps au travail collaboratif au sein des dyades qui échangent à distance. D'où les observations faites par les auteurs lors des épreuves finales, ils concluent leur étude ainsi : « Les résultats montrent que les collaborations en présentiel et à distance sont toutes deux efficaces pour atteindre les objectifs d'apprentissage » (Tutty & Klein, 2008, p. 121). Voilà deux situations interactives qui, associées, semblent aptes à faire progresser les participants à la fois aux niveaux individuels et collectifs. À l'évidence la thèse de l'hybridation se trouve ici justifiée, mais l'intérêt de cette investigation ne s'arrête pas là. Elle incite à porter une attention particulière aux activités de questionnement observées à distance vu leur effet bénéfique sur le travail collaboratif, ce qui pourrait également avoir des conséquences sur l'activité exploratoire mise en œuvre par les participants.

Une étude menée par Tai, Ting et Tseng (2018) illustre cet aspect dans l'enseignement supérieur avec des étudiants inscrits dans des formations d'ingénieur. Des enseignements leur sont délivrés au sein de l'université au cours desquels ils ont l'occasion d'échanger en présentiel, ils ont aussi la possibilité d'interagir à distance par le biais du forum de discussion DB (*Discussion Board*) qualifié d'*ouvert* par les auteurs parce qu'ils « peuvent lancer leurs propres discussions ou intervenir dans des discussions introduites par d'autres » (p. 34). L'opportunité leur est donc offerte de pouvoir clarifier ou préciser entre eux des points ou aspects des cours qui leur semblent ambigus ou problématiques, mais également de prolonger ceux-ci afin d'essayer d'en savoir plus notamment à la faveur de discussions à caractère exploratoire. Les formations sont organisées de telle sorte que les étudiants puissent établir des liens constants entre le savoir scientifique et l'expérience quotidienne, ceci afin de stimuler leur envie d'apprendre et de connaître. Par exemple, lorsqu'il est question des rayons infrarouges, il y a lieu de considérer qu'ils « peuvent servir de technologie sans fil de point à point à courte portée. Quand elle est adoptée à la télévision pour le contrôle à distance, les téléspectateurs peuvent orienter la télécommande vers le téléviseur pour sélectionner une chaîne » (p. 38). La vie de tous les jours est faite de multiples applications de ce type, d'où ces formations envisagées sur la base d'une « relation logique existant entre science, technologie et application » (p. 38).

Les échanges à distance intéressent donc particulièrement les auteurs dans cette perspective, c'est-à-dire à des fins de découverte collective dans le prolongement des cours dispensés et des discussions en présentiel qu'ils occasionnent. Ainsi, ils ont pu examiner les messages postés par les étudiants sur le forum de discussion suite à un cours consacré au potentiomètre. Une de ses applications quotidiennes consiste à faire varier la résistance d'une lampe pour jouer sur sa luminosité. En la circonstance, les étudiants ne vont pas se contenter « d'examiner cette seule application mais ils en explorent d'autres notamment lorsque des explications supplémentaires sont demandées par les partenaires de travail » (p. 38). En général, ils soumettent, sous forme de questions, un problème ou une idée aux autres afin que ces derniers puissent formuler des éléments de réponse. Les questions portent très souvent sur les applications de la vie quotidienne abordées en cours ou insuffisamment traitées en cours. Les échanges à distance prennent ainsi la forme de questions/réponses dont la structure est propice à des « interactions sociales productives en amenant les participants à s'engager dans des discussions approfondies plutôt qu'à échanger de manière décousue (Ajayi, 2009) » (Tai, Ting & Tseng, 2018, p. 38).

Il ressort de cette étude que lorsque la communication en présentiel porte directement sur les cours, la communication à distance s'inscrit plutôt dans la continuité de ceux-ci. Les étudiants ont ainsi la possibilité de s'en extraire pour « explorer des programmes d'études plus étendus, se livrer à des discussions et présenter leurs découvertes sur le Web » (Tai, Ting & Tseng, 2018, p. 36). Les discussions identifiées par les auteurs présentent cette particularité d'être initiées par des échanges de type *questions/réponses* qui incitent à explorer et à découvrir. Le partage des connaissances et des savoirs propres aux échanges en présentiel paraît ainsi permettre aux étudiants, par la suite, de se mettre en quête de nouvelles connaissances et de nouveaux savoirs par le biais d'interactions à distance organisées sur un mode interrogatif. D'où le souhait exprimé par les auteurs de voir d'autres études « reconsidérer l'usage du forum DB afin de mieux répondre aux besoins des étudiants en matière de lien entre les discussions menées en cours et celles qui se déroulent en dehors des cours ainsi que leurs apprentissages exploratoires » (p. 40). Indirectement l'idée d'hybridation anime toujours les esprits dans la mesure où il s'agit encore une fois de complémentarité entre la communication en présentiel et la communication à distance, ceci dans le but de favoriser les activités de découverte chez les personnes concernées.

L'intérêt de ce genre de complémentarité est également souligné par une série d'investigations à caractère longitudinal menées auprès d'étudiants qui suivent un cursus de Sciences de l'Information et de la Communication (Bonfils & Peraya, 2011 ; Bonfils & Peraya, 2016 ; Peraya & Bonfils, 2012, 2014). Dans le cadre de leurs études, ils doivent monter un projet collectif qu'ils élaborent par le biais d'échanges réalisés en présentiel et à distance. Dans ce dernier cas, la constitution de groupes Facebook est adoptée en raison, comme le dit l'un d'entre eux, d'avantages pratiques liés à l'outil numérique : « De par son interface très ergonomique et rapide, Facebook permet, dans le cadre d'un groupe réunissant l'ensemble des membres du projet, d'échanger des remarques, interrogations, avis … » (Bonfils & Peraya, 2016, p. 62). Plus exceptionnellement, certains groupes font usage d'outils de visioconférence de type *Skype* pour interagir en mode synchrone : « Lorsque nous ne pouvons pas tous nous retrouver [vacances, problèmes de santé…], il nous arrive de nous réunir par Skype » (p. 62). Tous les groupes de travail ont été invités à s'exprimer sur leur fonctionnement collectif. Ils ont fait une présentation scripto-visuelle de celui-ci sur un tableau, les auteurs de ces études ont également collecté des informations et des données sur le cahier des charges propre à chaque projet en matière de médias numériques utilisés et d'organisations groupales adoptées. De là, plusieurs constats ont pu être faits.

Le premier tient en une phrase : « Les groupes organisent spontanément leur travail sur un mode hybride mêlant les périodes présentielles et distancielles durant leur projet » (Bonfils & Peraya, 2016, p. 61). Mais cette hybridation est sujette à des variations et à des évolutions. Ainsi, les séquences présentielles occupent une place importante au début à des fins d'organisation. Les groupes se structurent en fonction des compétences propres à chacun des participants. Des décisions sont également prises quant aux stratégies à adopter en matière d'initiation du projet. Ce qu'un étudiant exprime en ces termes : « De nombreuses réunions de groupe nous ont permis de faire des choix concernant le concept de notre projet, la validation des logos et des chartes graphiques » (p. 62). Ensuite la communication à distance s'impose de plus en plus et, comme le dit un étudiant, « Facebook devient notre outil principal afin de communiquer entre nous […]. Il est la solution informelle du travail en équipe » (p. 63). De tels propos traduisent une prise de distance par rapport à l'institution de tutelle et, ce faisant, le travail sur le projet prend une autre forme : « La constitution d'un groupe privé permet de partager nos créations et de les commenter en direct » (p. 63). Les étudiants paraissent ainsi apprécier l'autonomie dont ils disposent grâce à Facebook, elle est de nature à stimuler l'inventivité et la créativité qui leur font parfois défaut à l'intérieur de cadres plus formels. La possibilité de pouvoir s'en extraire fait que « chacun est libre d'apporter ses idées et d'argumenter son choix » (p. 67). Les caractéristiques techniques de Facebook sont de plus favorables à la circulation et à la diffusion des idées formulées par les uns et les autres : « Le fait qu'on soit averti par une notification chaque fois qu'un statut est posté nous permet de gagner en réactivité et la rapidité des échanges est améliorée » (p. 64). Cet ensemble d'observations amène les auteurs à conclure leur investigation de la façon suivante : « Les résultats de cet article confirment nos précédents résultats [étude longitudinale menée depuis 5 ans] sur la fuite continue des étudiants des dispositifs institutionnels au profit de détournement d'usages et de nouvelles pratiques numériques dans le cadre d'approches coopératives de projet » (p. 67).

Pour autant, l'intérêt de la communication en présentiel ne mérite pas d'être minimisé. Cette étude montre bien toute son utilité notamment lors des phases initiales d'élaboration du projet. Lorsque les étudiants ont à opérer des choix entre plusieurs propositions ou idées, à s'organiser pour mener à bien celles qu'ils ont retenues, prendre en compte leurs compétences et connaissances respectives, déterminer les différentes étapes d'avancement du projet. Telles sont les bases à partir desquelles il devient possible d'envisager la suite, c'est-à-dire la réalisation proprement dite du projet. La communication à distance est alors de plus en plus mobilisée via Facebook. Elle donne aux échanges un caractère plus privé, d'où une certaine distanciation par rapport à l'institution de tutelle qui a pour effet de favoriser l'inventivité et la créativité. Comme si les étudiants se sentaient moins contraints par les attentes propres à celle-ci. Au départ animés par le souci de s'organiser ensemble sur le mode présentiel, par la suite ils adoptent progressivement le mode distanciel pour essayer de donner une touche innovante à leur projet. L'hybridation à l'œuvre se donne ainsi à voir comme une sorte de tuilage entre des échanges de différentes natures.

Ce genre d'évolution interactive a également été observé par Wang et Woo (2007) auprès d'étudiants concernés par un cours sur les apprentissages constructifs via Internet. Les auteurs notent cependant d'autres types de différences entre les échanges réalisés en présentiel et à distance. Les étudiants sont réunis par groupe de six sur une période de six semaines à raison de deux séquences hebdomadaires de 40 minutes. Ils ont le choix d'interagir en présentiel ou à distance. Ils ont individuellement accès au contenu du cours en ligne sur un Blog, le même outil autorise entre eux des discussions asynchrones à distance. Les chercheurs ont pris des notes relatives à l'activité des groupes dans les deux cas de figure. De plus, les étudiants ont pu exprimer leurs points de vue sur les deux types de situations vécues sur une plate-forme dédiée. Eux aussi favorisent d'abord les échanges en présentiel avant de privilégier les échanges à distance à la faveur d'une transition à caractère très progressif. Eux aussi s'organisent et structurent l'activité groupale principalement par le biais d'interactions en présentiel pour, ensuite, travailler leurs apprentissages de façon plus approfondie à distance. Mais ce ne sont pas les seules observations faites par les chercheurs.

Lorsque les étudiants commencent à se poser des questions sur ce qui est attendu d'eux en termes d'acquisition de connaissances et de savoirs, le mode présentiel donne à voir une approche plutôt multidirectionnelle, plusieurs idées peuvent être travaillées simultanément quand « les discussions en ligne sont plus limitées et ont plus tendance à être à sens unique » (Wang & Woo, 2007, p. 283). Tout ceci parce que les échanges en ligne « prennent normalement plus de temps lorsqu'il s'agit d'articuler des idées et d'écrire des messages [...]. Les participants passent ainsi beaucoup de temps à débattre et à négocier »

(p. 283). D'un autre côté, cet inconvénient peut devenir un avantage notamment en termes d'activité réflexive. Ils disposent de plus de temps pour étudier les messages postés et, ce faisant, leurs réponses sont susceptibles de gagner en précision et justesse. C'est moins le cas lors de communications en présentiel où « des réponses immédiates sont toujours attendues [...]. Des clarifications peuvent être fournies immédiatement et collectivement » (p. 284). Mais se pose le problème de la qualité de celles-ci. Formulées à la hâte sont-elles bien explicites ? Suffisamment élaborées ? Bien exploitables par leurs destinataires ? Tout compte fait, une voie semble se dessiner lorsque l'activité collaborative est envisagée dans des conditions d'hybridation. Elle paraît trouver des fondements dans un « processus de discussion plutôt interactif et multiforme » (p. 283) à même de faire émerger des questions ou des idées bien spécifiques que les interlocuteurs ont ensuite la possibilité d'approfondir et d'éprouver par le biais d'échanges à caractère analytique. Telle semble être une autre facette de l'hybridation par tuilage marquée par le passage progressif de l'exploration en présentiel à l'expérimentation à distance.

Des interactions à distance de différents types

Il est encore possible de parler d'hybridation lorsque les interlocuteurs ont à leur disposition divers outils de communication pour interagir à distance. C'est par exemple le cas de nombreux étudiants inscrits à l'Université d'Afrique du Sud (UNISA) dont les échanges ont été étudiés par Madge, Breines, Dalu, Gunter, Mittelmeier, Prinsloo & Raghuram (2019). Il s'agit d'une institution de type *International Distance Education* (IDE) dont la particularité est de proposer des formations universitaires dans de nombreux pays de l'Afrique australe par le biais de la Télématique et d'Internet. L'émergence de ce genre de structure tient au constat suivant : « L'augmentation de la demande d'IDE a été importante ces dernières années, en particulier sur le continent africain, avec une population jeune qui est insuffisamment desservie par l'offre actuelle en matière d'enseignement supérieur » (p. 268). L'UNISA a donc été instituée dans cette perspective, afin de répondre à une demande émanant de la jeunesse en matière d'études supérieures. Pour ce faire, des formations académiques et professionnalisantes sont proposées, des cours et des modules de formation sont mis en ligne avec des diplômes et des grades correspondants. Un portail d'apprentissage en ligne (my.unisa) permet aux étudiants de poser des questions, de communiquer avec les enseignants et les tuteurs via un forum de discussion, de contacter d'autres étudiants pour participer à des travaux de groupe. En ce sens, « my.unisa se présente à la fois comme un portail d'apprentissage et un moyen formel susceptible de traiter les questions pédagogiques » (p. 269). Mais les médias sociaux jouent également un rôle non négligeable dans cette affaire.

Les auteurs de cette recherche se sont en effet intéressés aux modes de communication utilisés par les étudiants en parallèle à ce dispositif officiel. Pour ce faire, ils ont envoyé un questionnaire en ligne à tous les étudiants inscrits dans le premier cycle universitaire. Il leur est demandé d'apporter des informations et des précisions sur leurs pratiques relatives à l'usage des médias sociaux dans le cadre de leurs études. Mille deux cent quatre-vingt-quinze étudiants l'ont renseigné et renvoyé, soit un taux de réponses de 16 %. Cent-soixante-cinq entretiens en ligne ont de plus été menés. Ils portent sur les différentes façons d'utiliser ou non les médias sociaux pour faciliter les apprentissages à l'UNISA. L'analyse des réponses au questionnaire révèle qu'une très forte majorité d'étudiants (94 %) utilise de façon très régulière les médias sociaux à des fins universitaires. WhatsApp, Facebook et YouTube sont les plus mentionnés et ceci par ordre décroissant. Les auteurs s'en étonnent d'ailleurs quelque peu : « Bien que toujours significative, l'importance de *Facebook* 'la' plate-forme préférée des étudiants est contestée par *WhatsApp* dans notre étude » (Madge *et al.*, 2019, p. 271). Il y a deux raisons à cela. D'abord, l'intérêt pour WhatsApp va de pair avec l'utilisation des smartphones dans le contexte de l'Afrique Australe, sans compter son coût plus accessible comparativement à Facebook. Ensuite, l'application WhatsApp est particulièrement appréciée par les étudiants salariés au regard de qualités comme la souplesse et la flexibilité : « Beaucoup n'ont pas le temps ou les ressources pour se connecter fréquemment à my.unisa car cela requiert une connexion à Internet stable avec un ordinateur portable ou de bureau. WhatsApp est plus rapide moins cher et vient directement à l'individu » (p. 273). Par ailleurs, les étudiants ont livré d'autres informations ou données à la faveur des entretiens en ligne.

Ils disent utiliser les médias sociaux pour effectuer de la recherche documentaire, pour la mise en réseau, afin de contacter d'autres étudiants dans le but de constituer des communautés de pairs et « moins souvent pour contacter le personnel ou l'administration de l'UNISA, comme le montrent d'autres études qui font état d'un faible niveau d'interactions directes entre étudiants et enseignants sur les réseaux sociaux (Madge *et al.*, 2009 ; Sobaih *et al.*, 2016) » (Madge *et al.*, 2019, p. 271). Le fait de se retrouver entre étudiants, même à distance, paraît de nature à stimuler l'activité intellectuelle, à interroger les uns et les autres quand un problème survient ; ce qu'un étudiant exprime ainsi :

> Ça vous pousse, si vous ne comprenez pas un concept, eh bien vous pouvez poser une question. Et vous avez des réponses parce qu'il y a 20, 30, 60 personnes dans les

> groupes et à la fin de la journée vous comprenez quelque chose à ce qui aurait dû vous mettre en difficulté (Madge *et al.*, 2019, p. 273).

Tel est l'avantage autorisé par le caractère informel du contexte ainsi créé. Entre pairs, les échanges paraissent plus aisés et plus libres quand le portail d'apprentissage en ligne my.unisa met en relation des acteurs avec différents statuts : enseignants, tuteurs, étudiants. Voilà des conditions susceptibles de faire que les interactions prennent un caractère plus formel et académique.

Les groupes WhatsApp présentent toutefois quelques inconvénients. Le principal se situe dans le fait qu'il est parfois difficile de trouver sa place à l'intérieur de tels dispositifs, l'étudiant peut avoir l'impression d'être noyé à l'intérieur de ceux-ci vu le nombre très important d'interlocuteurs concernés. Il y a là un côté impersonnel propre aux « grands groupes qui réduisent certains étudiants au silence, ils lisent les commentaires de leurs pairs mais ne participent pas aux activités groupales [...]. Une étudiante du Zimbabwe dit suivre les discussions de son groupe WhatsApp mais craint de publier des commentaires hors-sujet » (Madge *et al.*, 2019, p. 275). Des initiatives individuelles sont alors prises pour « créer de nouveaux groupes d'étude plus petits. Par exemple, l'un d'eux a formé un groupe *WhatsApp* distinct avec cinq autres étudiants très impliqués dans un plus grand groupe » (p. 275). Des micro-communautés de pairs voient ainsi le jour, elles sont constituées d'étudiants prêts à travailler ensemble et à s'entraider le cas échéant.

Finalement, la plupart des étudiants de l'UNISA sont amenés à communiquer à distance de façons différentes. De manière officielle sur le portail d'apprentissage en ligne (my.unisa) où ils ont la possibilité de contacter leurs enseignants et leurs tuteurs afin de poser des questions et d'obtenir des précisions relatives aux cours et aux enseignements. Ils ont également des travaux de groupe à réaliser au regard des attentes académiques propres à l'institution de tutelle. De façon officieuse, notamment par le biais de groupes WhatsApp qui se donnent à voir comme des communautés de pairs, voire des micro-communautés de pairs, où les échanges sont d'un tout autre ordre. Ils présentent un caractère informel étant le fait de personnes qui se sont organisées de façon autonome et dont les interactions se trouvent, de ce fait, affranchies de toute contrainte externe. Ainsi, l'hybridation à l'œuvre trouve ici sa raison d'être dans la coexistence de deux situations interactives distinctes. L'une liée au fonctionnement d'une institution dont les représentants se présentent comme les interlocuteurs principaux des étudiants. L'autre non dépendante de la même institution dont la gestion est assurée par les étudiants mêmes. Toutes deux sont basées sur la communication à distance avec des aspects formels et informels qui leur sont respectivement propres. Alors quel est l'intérêt de ce double jeu interactif pour les étudiants ? En quoi peut-il leur être bénéfique ?

Les auteurs de cette étude voient plutôt en la circonstance des stratégies mises en œuvre par les étudiants à des fins de réussite universitaire :

> Ils créent et utilisent des groupes *WhatsApp* pour étudier de manière plus structurée et planifiée en brouillant les frontières entre les sphères formelle et informelle ; ainsi *WhatsApp* se présente comme un espace d'apprentissage avec 'des attributs variés de formalité et d'informalité' (Greenhow & Lewin, 2016, p. 7) (Madge *et al.*, 2019, p. 275).

Autrement dit, en arrière-plan l'institution est toujours plus ou moins présente lorsque les étudiants échangent par le biais de WhatsApp. Leurs interactions, pourtant conçues en toute autonomie, s'expliquent au regard des attentes de celle-ci en termes de réalisations ou de productions universitaires. Tel est le brouillage des frontières dont il est ici question. Mais le phénomène ne s'arrête peut-être pas là. Certes les échanges permis par my.unisa présentent un caractère académique vu qu'ils se déroulent avec des enseignants et des tuteurs, mais ils n'excluent pas d'éventuels prolongements ou développements. Les groupes WhatsApp leur en offrent l'opportunité. Ils peuvent revisiter et approfondir comme bon leur semble les cours ou les enseignements suivis sur my.unisa, les questionner sous des formes différentes de celles qui ont cours à l'université. Des découvertes collectives peuvent se faire de la sorte à distance, notamment quand les partenaires de travail explorent à leur manière une question particulière ou lorsque leur activité réflexive prend des orientations peu conventionnelles (de Jong & van Joolingen, 2008 ; Kop, 2012b ; Pedaste *et al.*, 2015 ; Saadatmand & Kumpulainen, 2013).

L'étude menée par Madge *et al.* (2019) pourrait ainsi révéler différents niveaux d'hybridation. Une hybridation de surface relative à deux outils de communication qui permettent d'interagir à distance selon des modalités différentes. L'un assimilé à un forum de discussion intégré dans une institution, l'autre propice à une mise en réseau de façon autonome. Leur complémentarité est à trouver dans le fait que, d'un côté, il s'agit principalement d'échanger dans un cadre académique et, de l'autre, d'interagir librement en dehors de celui-ci. Mais plus en profondeur les auteurs identifient des stratégies d'étudiants à même de brouiller les frontières entre les espaces formel et informel, entre ce qui concerne le domaine universitaire et ce qui relève de la sphère privée. Deux mondes donc interconnectés par les acteurs concernés dont le but premier est de satisfaire aux attentes de l'institution de tutelle mais qui, ce faisant, pourraient aussi mettre à profit leurs échanges diversifiés à distance pour se livrer à des activités exploratoires de plus grande envergure.

Une autre étude réalisée dans l'enseignement supérieur par Vuopala, Hyvönen et Järvelä (2016) concerne cette fois-ci des étudiants qui communiquent à distance par le biais de deux TIC dont l'une (Moodle) les amène à échanger de façon asynchrone lorsque l'autre (SecondLife) permet des interactions à caractère synchrone. De manière plus occasionnelle, ils utilisent un Chat (Edmodo) également propice au second type d'interactions. L'hybridation à l'œuvre ici est donc relative à la temporalité des échanges. Ainsi, 54 étudiants inscrits dans trois universités européennes (Université d'Oulu en Finlande, Université Tallin en Estonie, Université Valahia de Targoviste en Roumanie) sont amenés à travailler en groupes. Chaque groupe dispose de son propre espace de travail. Ces étudiants suivent un cours international intitulé « Designing Technology-Enhanced Learning » (TEL), correspondant à 7 ECTS, il porte sur l'apport des TIC en matière d'apprentissage. Sa vocation est de « familiariser les étudiants avec les cadres théoriques liés au sujet et de les doter d'une expérience pratique sur la façon dont ces théories peuvent être appliquées lors de la conception d'un cours en ligne » (p. 28). Il est donc attendu d'eux qu'ils élaborent des cours en ligne, ceci de manière collaborative à distance, en suivant une progression qui les conduit d'une étape 1, où il s'agit de se présenter aux autres et de trouver un terrain d'entente, à une étape 6 où ils ont à évaluer leur propre fonctionnement collectif. Entre temps, ils doivent prendre des décisions quant aux méthodes et outils à utiliser, élaborer un scénario pédagogique du cours en ligne, construire l'environnement du cours à partir de scripts pédagogiques et techniques. Des questionnaires en ligne permettent de recueillir le point de vue des étudiants sur l'activité collaborative ainsi mise en œuvre. Les données relatives aux fonctionnements groupaux « consistent en des notes d'échanges [n =1 500] dans Moodle, des enregistrements et des retranscriptions de réunions dans les environnements synchrones. En tout, les groupes se sont réunis 43 fois à raison de 45 à 120 minutes à chaque fois » (p. 29). Des analyses statistiques descriptives sont menées sur ce dernier type de données.

Trois groupes (les groupes II, V et IX) vont particulièrement retenir l'attention des chercheurs, ils se distinguent des autres groupes sur deux aspects. D'abord, ils ont en leur sein un nombre élevé de participants actifs. Pratiquement tous les étudiants prennent part aux échanges. Ensuite, ces mêmes échanges sont plus importants qu'à l'intérieur des autres groupes. D'ailleurs ceci est de nature à expliquer cela. Plus les membres d'un groupe sont impliqués dans l'activité collective, plus il y a de chances pour que le taux d'interactivité qui lui est propre soit élevé. Un autre point non mentionné par les chercheurs mérite d'être signalé. Paradoxalement, ces groupes ont tendance à s'auto-déprécier. D'un côté leur réalisation finale est jugée positive par l'enseignant responsable du cours, de l'autre ils décrivent leur fonctionnement collaboratif comme étant peu satisfaisant. Comme si la difficulté de travailler ensemble était annonciatrice d'un résultat positif en termes de but à atteindre. D'ailleurs, le phénomène inverse a pu être observé chez des « enfants qui peuvent, en même temps, être tentés par le travail à plusieurs et ne pas [ou peu] en bénéficier pour leurs apprentissages. Le paradoxe de l'interaction sociale pourrait être là » (Baudrit, 1997, p. 8). Le caractère inversement proportionnel de ces deux dimensions n'est donc pas impossible. En tout cas, le degré de satisfaction d'un groupe quant à son activité collaborative ne semble pas obligatoirement révélateur de son efficacité en matière de réalisation collective. Cela dit, les auteurs de cette recherche font d'autres observations relatives aux trois groupes en question.

Leur fonctionnement évolue de façon classique. Les étudiants organisent d'abord l'activité groupale avant de travailler sur la tâche qu'ils ont à réaliser, ce que de nombreux auteurs ont pu observer en pareilles circonstances (Jeong, Hmelo-Sylver & Jo, 2019 ; Peraya & Dumont, 2003 ; Pöntinen, Kärkkäinen, Pihlainen *et al.*, 2019 ; Wang & Woo, 2007 ; Wang, Fang & Gu, 2020). En général, la première activité fait l'objet de plus d'échanges que la seconde : « En tout 368 messages et 2 019 tours de parole ont été consacrés aux problèmes propres aux groupes, tandis que 187 messages et 1 601 tours de parole l'ont été au sujet de problèmes liés aux tâches à effectuer » (Vuopala, Hyvönen & Järvelä, 2016, p. 31). De surcroît, les environnements synchrones (SecondLife et Chat) sont plus propices à l'organisation des groupes quand les environnements asynchrones (Moodle) se prêtent plus au travail sur la tâche à réaliser. Maintenant quelle est la teneur de ces deux types d'activités ?

La coordination du travail groupal fait l'objet de 80 % des échanges de premier type entre les étudiants. Il s'agit surtout de planifier et d'organiser l'activité collective comme l'exprime ce message : « Je pense que demain nous verrons un nouvel exercice et après nous déciderons si nous devons le commencer tout de suite parce que nous disposons de deux semaines pour le faire » (Vuopala, Hyvönen & Järvelä, 2016, p. 33). D'un autre côté, les échanges sous forme de questions/réponses sont dominants dans les trois groupes concernant la réalisation de la tâche. Il s'agit généralement de courtes interventions comme celle-ci : « C'est clair c'est simple, c'est très bien structuré et pas si compliqué » (p. 34). Maintenant, des différences sont observées entre les trois groupes. Les membres du groupe V formulent souvent de nouvelles questions, ce que font également les étudiants des deux autres groupes à l'appui de stratégies complémentaires :

> Dans les groupes II et IX, les nouvelles questions ['À quoi penses-tu ?' ; 'Quel type de cours en ligne voulons-nous concevoir ?'], les clarifications de sujets de recherche

['Que veut-on dire à propos du cadre ?'] et les suggestions ['Flying Minds me convient. Flying Minds est probablement plus adéquat que Simples Minds'] sont pratiquement équivalentes en nombre (p. 33).

Mais au final c'est le groupe II qui pousse l'investigation le plus loin possible.

Dans leur entreprise de construction d'un cours en ligne, ses membres font plus que les autres usages d'explications argumentées, à l'instar de cet étudiant qui s'adresse à ses partenaires de travail en ces termes :

Nous n'avons pas à fournir de détails sur SecondLife, Moodle ou Google Hangouts. J'essaie de voir ce que nous pourrions faire. Moddle est le site sur lequel les étudiants viennent en premier. C'est là qu'ils trouvent tout le matériel et les instructions de base pour leurs réalisations. Il y aura une session d'ouverture sur le cours dans Google Hangout, et plus tard il y aura des réunions en groupe dans SecondLife avec un tuteur. La rencontre finale pour tout le cours et la session de retour se feront dans SecondLife. Le moment de la première conférence [dans Google Hangout] est fixé sur le calendrier. Lorsqu'ils sont acceptés au cours, les informations pour participer aux rencontres peuvent leur être envoyées par e-mail avec les comptes utilisateurs et l'adresse Moddle (Vuopala, Hyvönen & Järvelä, 2016, p. 33).

Il ne s'agit plus de courtes interventions, ni de questions à caractère ponctuel, il y a ici l'intention d'expliciter et de développer une argumentation. L'élaboration du cours en ligne prend ainsi une orientation plus constructive et systématique, ce d'autant que les membres du groupe II s'appuient sur des références théoriques avérées. L'un d'eux déclare ceci à ce sujet :

Notre choix théorique s'est porté sur l'apprentissage collaboratif et comme c'est un cours en ligne, il s'agit de l'*Apprentissage Collaboratif Assisté par Ordinateur* [CSCL]. Dans l'apprentissage collaboratif, une compréhension partagée est construite sur le sujet dans un contexte où les participants s'engagent à atteindre un objectif commun et à résoudre ensemble les problèmes [...]. Les tâches de résolution de problèmes peuvent être divisées mais l'attention des participants est dirigée vers le même sujet lors des points critiques du travail. L'égalité entre les participants [contribution égale] favorise l'apprentissage collaboratif. Lorsque les participants élaborent une compréhension commune, ils essaient de faire comprendre aux autres leurs pensées, s'assurent que les autres ont compris, et laissent les autres dire qu'ils ont bien compris [...]. Les interactions se veulent exploratoires et non porteuses de critiques. Toutefois, parvenir à un terrain d'entente demande beaucoup d'efforts, c'est pourquoi il est important que les participants soient équitablement engagés dans la tâche (pp. 32-33).

Telle est la démarche plutôt poussée et approfondie mise en œuvre par les étudiants du groupe II lors de l'élaboration d'un cours en ligne. Pour les auteurs, ce sont eux qui mettent le plus à profit le caractère asynchrone de la communication propre à Moodle. Ils exploitent au mieux le temps de réflexion dont ils disposent entre les différents messages pour développer une argumentation et convoquer des références théoriques en rapport avec l'activité à réaliser.

Un autre exemple de tuilage est donc visible dans cette étude réalisée par Vuopala, Hyvönen et Järvelä (2016). Il est toujours lié au processus d'hybridation sachant que « différents types de technologies peuvent avoir une influence sur les modes d'interactions » (p. 34). En l'occurrence SecondLife, et plus occasionnellement le Chat, rendent possible la synchronie des échanges quand Moodle autorise leur asynchronie. Le passage des premiers au second est bien observé par les auteurs. De manière logique, les participants s'organisent et structurent l'activité groupale avant d'œuvrer ensemble dans le sens de la réalisation de la tâche. Mais le phénomène est plus ou moins prononcé, plus ou moins accentué en fonction des types d'investigation adoptés. Il est ainsi possible de parler de « tuilage partiel » lorsqu'ils se contentent de formuler de courts messages, des questions/réponses qui ne font pas l'objet d'examens particuliers. Un renforcement est opéré avec des interlocuteurs soucieux de clarifier et d'expliciter leurs idées ou suggestions. Un pas est encore franchi avec d'autres dont les arguments et références donnent à l'investigation un caractère abouti. Auquel cas il devient possible de parler de « tuilage complet ». L'hybridation peut donc se manifester à différents niveaux selon l'endroit où les participants positionnent le curseur de la réflexion collective, en fonction de la manière dont ils mettent à profit les diverses temporalités propres aux outils de communication à distance utilisés. Deux modalités qui finalement paraissent intimement liées.

En guise de synthèse : des communautés d'enquête enrichies par l'usage des TIC ?

Des formes variées d'hybridation sont ainsi identifiables. Elles peuvent résulter de la coexistence d'interactions en présentiel et d'interactions à distance, mais aussi d'interactions à distance réalisées par le biais d'outils de communication de diverses natures. Plusieurs cas de figure sont repérables dans la première situation. L'étude réalisée par Tutty et Klein (2008) auprès de futurs enseignants en formation professionnelle montre des évolutions inverses, au fil du temps, au niveau des deux types d'interactions. Lorsque les échanges en présentiel vont décroissants, les échanges à distance sont au contraire en hausse. De surcroît, les premiers sont plus favorables aux apprentissages individuels quand les seconds favorisent plus les apprentissages collectifs. Des occurrences de complémentarité entre ces deux types d'apprentissages se présentent ainsi comme les conséquences de l'hybridation. Les auteurs observent également des différences quant à ce qu'il est possible de nommer la « lecture interindividuelle » mise en œuvre par les interlocuteurs. En présentiel ils disposent d'informations verbales et non verbales sur leurs partenaires de travail, à distance seules les premières leur sont accessibles par le biais du Chat. Ce déficit informationnel est compensé par un questionnement accru, de nombreuses interrogations sont formulées afin d'avancer dans la réalisation des activités demandées et, ce faisant, le travail collaboratif prend progressivement corps. Cette forme interrogative se retrouve dans la recherche menée par Tai, Ting et Tseng (2018) auprès d'étudiants inscrits dans des formations d'ingénieur. Elle se manifeste par le biais d'un forum de discussion (DB) où ils échangent en toute autonomie sur les cours ou les enseignements délivrés à l'université. C'est là qu'ils ont l'occasion de revenir sur les points qui leur paraissent confus ou ambigus. Le questionnement ainsi mis en œuvre leur permet, le cas échéant, d'aller au-delà de ces enseignements vécus sur le mode présentiel. Les échanges de type *questions/réponses* sont propices à une activité exploratoire qu'ils ont plus de mal à développer dans le cadre des cours. Ces derniers autorisent un partage des connaissances et des savoirs en rapport avec les attentes propres à l'institution de tutelle, en ce sens les interactions à distance semblent de nature à leur faire franchir un pas vers de nouveaux savoirs et de nouvelles connaissances. En somme, les interlocuteurs ont ici l'occasion de rebondir, de passer d'un domaine à un autre, d'un monde empreint d'un certain académisme à un autre plus propice à l'investigation et à la découverte.

Un autre phénomène lié à l'hybridation est pointé par Bonfils et Peraya (2016) à la faveur de toute une série d'études menées auprès d'étudiants inscrits en Sciences de l'Information et de la Communication. Ceux-ci font preuve d'inventivité et de créativité lorsqu'ils élaborent des projets collectifs via Facebook. Auparavant, ils ont toutefois organisé et structuré l'activité groupale en présentiel établissant ainsi les bases du travail à distance. D'ailleurs, la transition se fait en général de façon progressive, d'où la métaphore du tuilage pour caractériser l'hybridation à l'œuvre dans ce cas. C'est une stratégie également repérée par Wang et Woo (2007) chez des étudiants concernés par un cours sur les apprentissages constructifs via Internet, sans compter qu'ils mettent à profit cette transition à d'autres fins. De par leur caractère foisonnant, les échanges en présentiel font émerger nombre de questions ou d'idées dont certaines vont retenir leur attention vu l'intérêt qu'elles suscitent dans le cadre de ce cours. Les interactions à distance autorisent ensuite un examen plus approfondi de ces dernières grâce aux temps de réflexion accrus dont ils disposent au regard de leur caractère asynchrone. Par tuilage, il s'agit donc de passer de l'exploration en présentiel à l'expérimentation à distance. Le phénomène est d'ailleurs assimilable à une sorte d'« effet d'entonnoir » dans la mesure où une réflexion collective à large spectre est ici à l'origine d'un travail collaboratif focalisé sur un point particulier.

L'utilisation de plusieurs outils de communication à distance révèle des phénomènes non moins importants en matière d'activités collectives, ce dont Madge *et al.* (2019) se sont aperçus lors d'enquête réalisée auprès d'étudiants inscrits à l'Université d'Afrique du Sud (UNISA). Ceux-ci peuvent échanger dans un cadre institutionnel sur un portail d'apprentissage en ligne (my.unisa). Là, un forum de discussion est particulièrement dédié aux interactions entre les enseignants, les tuteurs et les étudiants. Parallèlement, ces derniers communiquent entre eux de façon autonome principalement par l'intermédiaire de WhatsApp. À cette occasion, ils se constituent en communautés ou micro-communautés de pairs afin de pouvoir travailler ensemble et s'entraider lorsqu'ils rencontrent des difficultés. En fait, ces deux situations interactives sont sujettes à quelques porosités. Le côté informel de la seconde peut être imprégné par le caractère académique des échanges en ce qu'il s'agit de satisfaire à des exigences universitaires. Inversement, les échanges plutôt formels propres à la première sont susceptibles de trouver quelques développements dans des explorations collectives dues à des interrogations ou questionnements suscités par des cours ou des enseignements. Les auteurs de cette étude pointent ainsi des zones d'interférence entre les sphères formelle et informelle, entre la formalité et l'informalité constitutives des échanges mises en œuvre par ces étudiants. L'imbrication paraît ainsi symboliser les formes d'hybridation occasionnées par l'usage simultané du forum de discussion spécifique à my.unisa et du réseautage social permis par WhatsApp. De leur côté, Vuopala, Hyvönen et Järvelä (2016) ont observé des étudiants en train d'élaborer un cours en ligne en faisant usage de TIC basées sur des temporalités interactives différentes. SecondLife et le Chat sont propices à des échanges synchrones, Moodle rend possible des échanges asynchrones. Une forme de tuilage est identifiée lorsque les étudiants passent des uns aux autres. Ils privilégient les premiers pour organiser l'activité groupale et les seconds pour avancer sur la tâche à réaliser. Toutefois, cette démarche n'est pas mise en œuvre à l'identique d'un groupe à l'autre. Elle est plus ou moins poussée en fonction de la façon dont l'asynchronie propre à Moodle est exploitée. Le temps de réflexion situé entre chaque message peut être mis à profit pour rédiger de courtes notes ou répondre succinctement à des questions. Certains groupes vont plus loin avec des participants qui font des suggestions et apportent des clarifications. D'autres encore poussent la réflexion collective à un niveau supérieur avec des interventions argumentées et à l'appui de références théoriques avérées. L'hybridation par tuilage se donne ainsi à voir sous des formes plus ou moins évoluées, plus ou moins complètes en fonction de l'usage qui est fait par les interlocuteurs des TIC dont ils disposent. Les temporalités interactives propres à ces outils paraissent donc faire l'objet de gestions différentes d'un groupe à l'autre selon des modalités à caractère graduel.

L'hybridation donne ainsi à voir des phénomènes de l'ordre du rebond ou du tuilage, d'autres de type « effet d'entonnoir », mais il ne s'agit pas des seuls constats ou observations possibles. Elle pourrait aussi protéger les participants de certaines dérives ou de quelques errements. Si l'on prend le cas de l'étude réalisée par Wang et Woo (2007) auprès d'étudiants qui échangent en présentiel et sur un Blog au sujet d'un cours sur les apprentissages constructifs via Internet, il est bien noté que la première situation est propice l'émergence d'idées ou de questions diverses quand la seconde permet d'approfondir l'une d'entre elles à la faveur d'interactions asynchrones. Le passage de l'exploration en présentiel à l'expérimentation à distance a été mentionné à cette occasion. Que deviendrait l'exploration s'il n'en était pas ainsi ? En l'absence d'une sorte de fil rouge à même de faire que les interlocuteurs travaillent étroitement ensemble ? Unissent leurs connaissances et savoirs respectifs ? Inversement que dire d'une expérimentation non anticipée ? Qui n'aurait pas fait l'objet d'une réflexion approfondie en amont ? Elle pourrait conduire les participants sur de fausses pistes, faire qu'ils se fourvoient dans leurs investigations. De même, le fait d'échanger continument en présentiel avec les mêmes interlocuteurs peut être à l'origine d'automatismes interactifs susceptibles d'entraver l'inventivité ou la créativité des groupes (Baudrit, 1997). De par son caractère extensif, le réseautage social ouvert est de nature à perturber de tels équilibres ou régularités. La diversité, l'insolite ou l'imprévu peuvent venir d'interlocuteurs issus d'horizons différents. Ainsi, de nouvelles idées et de façons de penser peuvent gagner les groupes, des découvertes inédites ne sont pas non plus impossibles en pareille circonstance (Baudrit, 2020 ; Saadatmand & Kumpulainen, 2013). Un retour aux échanges en présentiel peut alors permettre des approfondissements sur les questions soulevées de la sorte. Outre leur complémentarité, variété et continuité interactives sont également envisageables alternativement pour des participants soucieux de ne pas privilégier l'une aux dépens de l'autre.

L'utilisation simultanée de divers outils de communication est à situer dans la même perspective. Madge *et al.* (2019) se sont effectivement penchés sur le cas d'étudiants dont les interactions se déroulent à la fois dans des cadres formel et informel. Un forum de discussion propre à l'institution de tutelle est associé au premier, l'application WhatsApp est représentative du second vu la distance prise par rapport à la même institution. En d'autres termes, les échanges s'inscrivent dans un contexte plus ou moins contraint dans un cas et plutôt libre dans l'autre. Mais les apparences sont trompeuses dans la mesure où les auteurs observent des interpénétrations entre les deux situations. Les étudiants peuvent utiliser WhatsApp dans le but de répondre aux attentes universitaires tout comme ils font parfois usage du forum de discussion pour se livrer à des découvertes ou s'approprier des savoirs inédits. De tels décloisonnements les préservent finalement de deux dérives. L'une, académique, consiste à échanger dans le seul but de se conformer aux attentes de l'institution de tutelle. L'autre, émancipatrice, est de nature à leur faire prendre de la distance vis-à-vis de ces mêmes attentes. Le caractère salutaire de l'hybridation est une nouvelle fois souligné, elle présente ici l'intérêt de créer du lien entre deux mondes dont les finalités ne sont pas toujours très compatibles.

Tels sont quelques apports de l'hybridation en matière d'activité interactive. Elle a pour principal avantage de diversifier les échanges entre les interlocuteurs qui, dans le cas contraire, s'en tiennent à un seul mode de communication dont l'inconvénient, à plus ou moins longue terme, est de les empêcher de se renouveler et, ce faisant, de les installer dans des automatismes interactifs (Baudrit, 1997). En général, le travail collectif sur les savoirs, les activités de découverte, les apprentissages plus ou moins fortuits ne sont pas facilités par ce genre d'approche qui souffre d'un manque de variété et d'originalité, parfois même d'une absence de contrastes. Ces derniers deviennent visibles lorsque les participants ont la possibilité d'interagir de façon synchrone via la communication en présentiel et de manière asynchrone par le biais d'outils de communication à distance. Ces temporalités interactives distinctes permettent des traitements différenciés des idées, points de vue ou notions. Par exemple la métaphore de l'entonnoir, en référence aux travaux menés par Wang et Woo (2007), illustre la transition opérée par des acteurs qui partent d'un large spectre de questions ou d'idées évoquées en présentiel pour n'en retenir qu'une ou deux à des fins d'approfondissement à la faveur d'échanges sur un Blog. De même, l'allusion au rebond, sur la base de l'étude réalisée par Tai, Ting et Tseng (2018), a pour vocation de montrer comment des savoirs et connaissances académiques, questionnés et problématisés en présentiel, permettent aux interlocuteurs d'accéder à de nouveaux savoirs et de nouvelles connaissances, ou de faire des découvertes collectives sur un forum de discussion.

Questionner des savoirs, les problématiser, approfondir des connaissances ne retrouve-t-on pas là quelques préconisations ou idées formulées par Dewey (1938) concernant la pratique d'enquête ? L'activité collective déployée par les participants n'est-elle assimilable à celle des *communautés d'enquête* dont parlait le même Dewey (1916/1990) ? Il s'agit bien de personnes concernées par des tâches communes, soucieuses d'élucider une question ou de faire des découvertes ensemble. Mais la nouvelle donne tient au fait que les échanges peuvent prendre un caractère diversifié, se faire par le biais de différents types de communication. L'hybridation prend ici tout son sens en ce qu'elle est basée sur des interactions en présentiel et à distance, mais aussi sur des interactions à distance qui peuvent prendre diverses formes (synchrones/asynchrones) ou se manifester par le biais d'organisations ou de dispositifs variés (forums, blogs, réseaux sociaux, etc.). Dans ces conditions, les investigations mises en œuvre par les acteurs pourraient bien être le fait de *communautés d'enquête* dont le potentiel interactif est amplifié par l'usage des TIC. Mais ce potentiel est susceptible d'être exploité de différentes façons par les partenaires de travail.

Chapitre 4
Les caractères intensif et extensif de la collaboration à distance

En fonction des situations rencontrées, l'investigation collaborative peut prendre des orientations différentes. Lorsque les interlocuteurs sont en nombre limité et concernés par des objets de recherche ou d'étude bien définis, le caractère intensif des échanges est de l'ordre du possible s'agissant en général d'approfondir une question ou de procéder à des avancées en termes de connaissances. C'est par exemple le cas lorsque des étudiants interagissent par le biais d'un forum de discussion auquel ils ont accès au sein de leur université. Suite à des cours ou des travaux dirigés, ils ont alors l'occasion de revenir sur des points particuliers ou considérés comme problématiques. Même s'ils échangent librement, la démarche paraît s'inscrire dans un cadre institutionnel vu son origine (des enseignements universitaires), l'outil technologique utilisé (propre à l'institution) et le fait que, parfois, les enseignants soient amenés à accompagner les étudiants dans ces investigations complémentaires qualifiées, peut-être à tort, comme étant « hors université » parce que non directement supervisées par celle-ci.

La situation est tout autre lorsque les interlocuteurs sont plus dispersés, plus nombreux et plus ou moins bien identifiés. Ils sont toujours animés par des préoccupations communes en matière d'investigations ou d'activités de recherche, mais les occurrences de partage et les schémas interactifs se présentent différemment. Les savoirs peuvent circuler de façon aléatoire et désordonnée, les interactions sont sujettes à des orientations multidirectionnelles. D'où de possibles incertitudes quant aux fonctionnements et aux résultats de ce genre d'activité collective. Toutefois, des découvertes ou des contacts inédits ne sont pas impossibles en pareil cas, d'où la référence au processus de *sérendipité* pour caractériser ce type d'occurrences. Sans compter les outils technologiques utilisés par les différents interlocuteurs dont l'influence, par le biais des *environnements personnels d'apprentissage*, est loin d'être négligeable en matière d'investigation collaborative à distance. Telles sont les deux orientations successivement examinées dans le présent chapitre à l'appui de travaux réalisés sur ces questions.

L'association de la diversité interactive et de la critique constructive

Une étude menée par Li, Hong, Chai, Tsai et Lin (2018) apporte quelques éclairages sur les possibles effets bénéfiques de ce genre d'association. Ces chercheurs ont étudié les interactions à distance propres à des étudiants concernés par un cours de sciences à l'Université de Taïwan. Ils se destinent aux métiers de l'éducation et auront à enseigner les sciences dans le cadre de leurs activités professionnelles. Ils interagissent par le biais du forum KF (*Knowledge Forum*) afin de « mener des enquêtes scientifiques et construire des concepts scientifiques grâce à la collaboration en ligne » (p. 2). Les enquêtes en question présentent un caractère ouvert et faiblement structuré. Les enquêtes dites *ouvertes* sont susceptibles de favoriser

> l'autonomie des étudiants dans la mesure où il y a des similitudes avec la façon dont les scientifiques travaillent en communauté. Donner aux étudiants l'occasion d'apprécier comment les scientifiques élaborent leurs théories au fil du temps devrait les aider à comprendre non seulement la démarche scientifique mais aussi la nature de la science, ce qui est profitable à leurs apprentissages scientifiques (PRIMAS[1], 2011) (Li *et al.*, 2018, p. 3).

Il s'agit donc d'amener les étudiants à adopter une posture scientifique et, pour cela, il est préférable qu'ils disposent d'un espace d'investigation qui leur soit propre. Le côté faiblement structuré de la situation d'enquête a cette vocation. L'enquête fortement structurée présente la particularité de « fournir aux étudiants une procédure à suivre. Ils sont moins susceptibles de faire des erreurs lorsqu'ils mènent des expériences. Ils savent quoi faire car les méthodes d'enquête fortement structurées sont basées sur l'étayage et le guidage » (p. 5). Effectivement, ce n'est pas de cette manière que les étudiants peuvent éprouver leurs propres façons de faire, leurs propres approches d'un fait ou d'un problème. Ils trouvent plus d'opportunités d'agir ainsi dans le cadre d'enquêtes faiblement structurées où

> ils ne bénéficient pas de conseils précis sur les façons de procéder. Elles sont axées sur les étudiants mêmes qui, à mesure qu'ils identifient les problèmes à résoudre, réexaminent et adaptent leurs plans d'enquête en conséquence (Bell *et al.*, 2005 ; Riga *et al.*, 2017). Ce type d'enquête est plus en rapport avec l'enquête scientifique du monde réel et ainsi plus authentique (p. 5).

---

1 Le programme PRIMAS est relatif à l'apprentissage basé sur la recherche dans le domaine des mathématiques et des sciences aux niveaux primaire et secondaire à travers l'Europe.

Telles sont les bases sur lesquelles s'appuient Li *et al.* (2018) pour mettre en œuvre leur recherche.

La notion de *communauté* leur est également utile toujours en référence au monde de la recherche où « la collaboration est courante parmi les communautés scientifiques » (Li *et al.*, 2018, p. 4). À l'instar des chercheurs qui travaillent de manière collaborative, les étudiants peuvent faire de même afin « d'améliorer continuellement les idées qui présentent un intérêt pour le groupe-classe (Scardamalia & Bereiter, 2003) » (p. 2). Cela va au-delà de l'apprentissage en groupe vu que le forum est propice à la collaboration et au travail conjoint sur les idées (Chen & Hong, 2016). En fait il ne s'agit pas seulement d'apprendre ensemble, il est surtout question de renforcer et d'approfondir des connaissances considérées comme importantes par les interlocuteurs. En la circonstance, celles-ci ont trait à des concepts scientifiques qui feront l'objet d'enseignements dans la mesure où les échanges examinés par Li *et al.* (2018) sont le fait de futurs professeurs qui seront amenés à dispenser de tels enseignements dans leurs établissements scolaires d'affectation.

Comme il s'agit d'un cours d'introduction aux sciences pour des étudiants non scientifiques, ceux-ci sont invités à évoquer des problèmes liés à la vie quotidienne comme, par exemple, « pourquoi les sacs en plastique ne se décomposent-ils pas ?». Ils ont alors l'opportunité de

> construire des connaissances à partir de problèmes authentiques, d'idées réelles qui montrent que les connaissances résultent des efforts produits par les apprenants dans la compréhension du monde qui les entoure. Cette approche est très différente de la méthode classique d'enseignement des sciences qui implique que tous les étudiants travaillent en même temps sur les problèmes présentés par l'enseignant ou extraits d'un manuel (Li *et al.*, 2018, p. 7).

Au départ, il s'agit donc moins d'acquérir des connaissances que d'échanger ou de partager des idées. Mais le côté perfectible de l'entreprise est loin d'être absent : « Les étudiants ont été encouragés à traiter toutes les idées échangées sur le forum comme améliorables, à travailler et à réfléchir de manière collaborative afin d'améliorer la qualité et la validité de toutes les idées qui circulent dans la communauté » (Li *et al.*, 2018, p. 7). C'est ainsi qu'un renforcement des connaissances est escompté parce que les « étudiants sont incités à adopter une approche plus compréhensible, à accéder à un niveau de conceptualisation supérieur des problèmes » (p. 7). Il est bien attendu des interactions à distance qu'elles s'inscrivent dans cette évolution. À l'appui de faits bien réels, elles sont censées permettre aux participants de dégager des idées, elles-mêmes susceptibles de faire émerger des concepts ou des notions. L'environnement collaboratif mis à leur disposition est conçu en ce sens :

> Le Knowledge Forum offre plusieurs façons d'engager un travail collaboratif sur les idées. Les participants peuvent s'appuyer sur ou annoter les messages des autres, co-rédiger des notes, ajouter des mots-clés, et créer des notes de type 'rise-above' ou 'résumés' qui intègrent les idées associées aux problèmes sur lesquels la communauté enquête (p. 7).

Tous ces jeux interactifs à distance intéressent les auteurs dans une perspective de construction des connaissances. D'où les deux questions de recherche qu'ils formulent : « Quels types d'activités en ligne contribuent le plus à améliorer la qualité des enquêtes scientifiques menées par les étudiants ? ; Comment les étudiants conduisent-ils leurs enquêtes et les discussions scientifiques dans le Knowledge Forum ? » (p. 6).

Cinquante-deux étudiants ont ainsi fait l'objet d'observations durant un cours d'introduction aux sciences programmé sur 18 semaines. Il s'agit principalement de « les aider à développer des approches plus sophistiquées de la recherche scientifique pour, lorsqu'ils deviendront enseignants, qu'ils soient prêts à impliquer leurs élèves dans l'enquête scientifique » (Li *et al.*, 2018, p. 7). Au tout début du cours, les étudiants sont invités à poster les questions qui, dans leur vie quotidienne, suscitent un intérêt. Ensuite, « ils se répondent mutuellement et postent leurs idées ou les informations associées en utilisant les supports du KF comme 'nouvelle information ...' ou 'ma théorie ...' » (p. 8). La seconde partie du cours est consacrée à la clarification des difficultés ou problèmes rencontrés, ceci dans le but de produire des « explications plus sophistiquées des concepts scientifiques, en utilisant des supports du KF comme 'cette théorie ne peut pas expliquer ...' pour pointer des discordances entre des idées, ou 'une meilleure théorie' pour proposer des explications plus crédibles » (p. 8). Partant de concepts non scientifiques, il est donc question d'amener les étudiants à se livrer à des constructions théoriques afin qu'ils aient accès à de véritables concepts scientifiques. Et les mécanismes interactifs requis en pareil cas sont, selon les auteurs, les suivants :

> Pour engager un travail innovant de construction des connaissances, les membres des communautés n'ont pas seulement besoin de produire des idées [contribuer] et de prendre connaissance des idées des autres [lire], ils doivent également étendre leur raisonnement et échanger des idées [collaborer], construire, composer et examiner l'ensemble des idées [progresser] (Hong & Sullivan, 2009) (Li *et al.*, 2018, p. 9).

D'où l'hypothèse qu'ils formulent sur ces bases : « Pour faire avancer les connaissances de la communauté, plus l'implication des étudiants dans la contribution, la lecture, la collaboration et l'amélioration des idées est importante, plus la qualité de leurs recherches scientifiques sera élevée » (p. 9).

Afin d'examiner cette question, les auteurs ont analysé les échanges enregistrés sur le forum KF. Quatre types de données retiennent donc leur attention :

> L'activité contributive, indexée sur le nombre moyen de notes postées par chaque étudiant, l'activité de lecture, indexée sur le nombre de fois qu'une note est lue, l'activité collaborative, indexée sur le nombre d'échanges suscités par une note, et l'activité d'approfondissement, indexée sur le nombre de fois qu'une note est réexaminée et le nombre de supports utilisés pour l'investigation scientifique (Li *et al.*, 2018, p. 9).

À titre d'illustration, une séquence interactive au sujet de l'effet Coriolis est présentée. Elle a comme origine un message intitulé « Tourbillon dans le lavabo » dans lequel un étudiant demande : « Je voudrais savoir pourquoi l'eau tourne dans le lavabo ? » (p. 13). Cette question va être à l'origine de toute une série d'échanges :

> Le premier message posté est le suivant : 'C'est parce que tu pousses l'eau lorsque tu te laves les mains'. Plus tard une autre étudiante répond : 'C'est à cause du champ magnétique, la direction du tourbillon est différente dans les hémisphères sud et nord'. D'où cette observation des auteurs : 'Cette étudiante a introduit le concept de champs magnétiques … néanmoins elle n'a pas précisé comment les champs magnétiques fonctionnent ou comment ils pourraient influencer le sens d'écoulement de l'eau' (Li *et al.*, 2018, p. 14). Ensuite une autre étudiante propose une explication alternative basée sur la forme du lavabo : 'Je pense que c'est en raison de la forme ronde du lavabo. Lorsque l'eau coule vers le centre, les molécules se serrent les unes contre les autres, formant ainsi un tourbillon pour que l'eau pénètre dans le siphon … Une autre idée est l'effet Coriolis. L'eau s'écoule vers le siphon de façon courbe'. Cette nouvelle information a incité l'étudiante qui avait introduit les champs magnétiques à réviser son idée : 'Étant donné que la direction de l'écoulement de l'eau est différente dans les hémisphères nord et sud, je reconnais que l'idée de l'effet Coriolis semble plus plausible. C'est parce que la Terre tourne … L'idée initiale des champs magnétiques que j'ai intuitivement suggérée a peu à voir avec le phénomène'. S'ensuit une intervention de l'enseignant : 'Qu'est-ce que l'effet Coriolis ?'. Voici la réponse d'un étudiant : 'Nous avons découvert l'effet Coriolis au lycée. Il est causé par la rotation de la Terre'. Finalement un étudiant résume les échanges ainsi : 'Nous pensons que c'est dû à l'effet Coriolis, mais dans l'espace réduit du lavabo d'autres facteurs peuvent également influencer l'écoulement de l'eau comme la surface de frottement, la viscosité, l'endroit du siphon, la forme du lavabo' (pp. 14-15).

Plusieurs commentaires sont faits par les auteurs suite à cette série d'interventions relatives au phénomène de tourbillonnement de l'eau dans le lavabo. Le premier est ainsi formulé :

> Après une discussion, un échange d'arguments et un partage d'informations plus factuelles, les étudiants ont essayé de résumer toutes les idées émises autour du débat initié entre ceux qui ont privilégié l'effet Coriolis comme facteur clé et ceux qui ont préféré considérer d'autres facteurs basés sur l'observation de la vie quotidienne, tels que la friction causée par le lavabo, les matériaux et la forme du lavabo, ainsi que l'endroit où le siphon est installé. Ils sont arrivés à une conclusion provisoire (Li *et al.*, 2018, p. 15).

En somme, la question initiale posée par un étudiant semble bien avoir eu pour effet de provoquer des interactions entre pairs par le biais du forum KF. Leur curiosité a été très certainement éveillée par une interrogation relative à un phénomène qui, en général, ne suscite pas un intérêt particulier. D'où les échanges à caractère divers et révélateurs de différents niveaux d'interprétation enregistrés à cette occasion. Mais un second commentaire vient compléter ce premier constat :

> Lire les messages des autres n'a pas amélioré la qualité des idées des étudiants. Ce n'est que lorsque les étudiants ont soumis leurs idées au groupe, connecté leurs idées à celles des autres, et continuellement révisé leurs idées au cours de l'activité en ligne qu'ils sont parvenus à une meilleure compréhension des concepts scientifiques (p. 16).

Il ne suffit donc pas de prendre connaissance des messages postés sur le forum pour voir se profiler une approche plus évoluée du phénomène étudié. C'est dans l'échange des idées et le travail réflexif opéré sur celles-ci qu'une telle tendance est repérée. L'hypothèse formulée par les auteurs se trouve plutôt confirmée par toutes ces observations dans la mesure où il était postulé que le niveau d'implication des étudiants dans l'activité collective est de nature à expliquer les progrès réalisés par le groupe en matière d'avancée des connaissances. En l'occurrence, une implication superficielle paraît se solder par le simple fait de poster et de lire des messages, une implication plus poussée par des échanges de messages dont le contenu est systématiquement passé au crible de la réflexion collective. Cette dernière posture est effectivement reconnue comme étant à l'origine d'un processus de recherche plus évolué. Maintenant, quelles réponses apporter aux deux questions de recherche formulées au préalable par les auteurs ?

La première prend la forme suivante : « Quels types d'activités en ligne contribuent le plus à améliorer la qualité des enquêtes scientifiques menées par les étudiants ? » (Li *et al.*, 2018, p. 6). La seconde est ainsi formulée : « Comment les étudiants conduisent-ils leurs enquêtes et les discussions scientifiques dans le Knowledge Forum ? » (p. 6). Il paraît plus logique d'essayer de répondre d'abord à la seconde question pour ensuite passer à la première. Les étudiants semblent conduire leur enquête de façons plus ou moins approfondies en faisant preuve, *a minima*, d'un investissement relativement limité où il s'agit principalement de poster et de lire des messages. Leur investissement prend une autre dimension lorsque les échanges s'intensifient avec des messages systématiquement examinés. Ces dernières opérations contribuent effectivement à l'amélioration de la qualité des enquêtes avec des interventions de type *critique constructive* (De Ketele, 2007). L'auteur l'oppose à la *critique-jugement* qui consiste à émettre de simples avis ou appréciations sur les idées suggérées ou les propositions faites par les partenaires de travail. La *critique constructive* incite au contraire à porter un regard plus analytique et attentif sur celles-ci afin de favoriser le questionnement dont de nombreux auteurs soulignent l'importance dans le but de stimuler l'activité collective (Ajayi, 2009 ; Hooper & Hannafin, 1991 ; King, 1989 ; Pedaste *et al.*, 2015 ; Tai, Ting & Tseng, 2018 ; White & Frederiksen, 1998). C'est donc le sens évolutif de la recherche collaborative qui est recherché par le biais de la *critique constructive*. Et le fait pour les interlocuteurs de mettre en œuvre cette dernière paraît leur assurer un espace d'investigation ouvert qui, selon Li *et al.* (2018), constitue un gage de qualité de l'enquête.

Maintenant, lorsque l'étude menée par ces derniers auteurs est mise en perspective par rapport aux conclusions formulées à l'issue du chapitre 3, une remarque devient possible. Le potentiel interactif entre les participants paraît bien être amplifié par l'usage des TIC en termes de modes d'échanges entre eux, d'occurrences de partage d'idées ou de savoirs, mais encore faut-il qu'ils mettent à profit cette plus-value à des fins d'approfondissement des connaissances, qu'ils ne se contentent pas d'être seulement très interactifs. Si c'est le cas, ils courent le risque de tomber dans certains errements, d'être en mal de repères au regard des recherches mises en œuvre. Ce travers a bien été pointé par Ajayi (2009) à la faveur d'une étude consacrée à la formation initiale des enseignants. Ceux-ci échangent par le biais d'un forum de discussion asynchrone (ADB) suite à deux cours d'alphabétisation dont la vocation est d'éveiller leur sens critique, de poser les bases d'investigations collectives afin de les préparer à leurs futures pratiques professionnelles. L'examen des messages postés fait bien dire à l'auteur que le jeu des questions/réponses entre les acteurs garantit des « interactions sociales productives en amenant les participants à s'engager dans des discussions approfondies plutôt qu'à échanger de manière aléatoire » (p. 38). Il ne suffit donc pas d'entretenir des interactions soutenues, d'envoyer et de recevoir de nombreux messages, il est aussi nécessaire que ceux-ci soient scrutés par les partenaires de travail afin d'apprécier la validité de leurs contenus, de voir ce qu'ils apportent ou non en matière d'avancée des connaissances. Dès lors, c'est la question du ratio quantité/qualité interactives qui est explicitement posée par plusieurs investigations, dont celle réalisée par Li *et al.* (2018) auprès d'étudiants sensibilisés à la démarche scientifique à des fins d'enseignement. Au sein des communautés d'enquête où les échanges se font à distance, l'association de la diversité interactive et de la critique constructive se présente bien comme un élément susceptible d'influencer favorablement les opérations d'investigation menées par les acteurs. Les interventions à caractère constructif peuvent toutefois venir d'ailleurs, elles ne sont pas obligatoirement du fait des seuls pairs, d'autres agents sont susceptibles d'influencer favorablement le cours des échanges à distance.

Un questionnement à caractère constructif et structurant ?

Il est bien du rôle de l'enseignant de contribuer à ce genre de processus, de faire que les étudiants mettent en œuvre des interactions propices à la réflexion collective, mais tout dépend de la façon dont il s'y prend pour qu'il en soit ainsi. L'étude réalisée par Li et Yu (2020) apporte quelques éclaircissements sur cette question. Ces chercheurs se sont en effet intéressés aux différents types d'incitation à interagir manifestés par des enseignants auprès d'étudiants qui échangent par le biais d'un forum de discussion asynchrone. Ces derniers suivent un cours de Master en ligne consacré aux techniques documentaires et à la gestion de médiathèques. Il s'agit donc d'essayer de comprendre « comment les étudiants apprennent à distance et comment les stratégies pédagogiques et les outils technologiques permettent de progresser dans un environnement entièrement en ligne » (p. 600).

De telles perspectives sont loin d'être évidentes si l'on se fie aux chercheurs dont l'attention s'est portée sur l'usage qui est fait des forums de discussion. Si certains constatent une utilisation croissante de ceux-ci au regard de leurs vertus collaboratives et interactives au cours des dernières décennies (Collins, Groff, Mathena & Kupczynski, 2019 ; Rowntree, 1995 ; Wichadee, 2013), d'autres pointent au contraire quelques failles ou inconvénients :

> Lorsque les forums de discussion fonctionnaient sur la base de simples questions/réponses, les étudiants n'atteignaient pas un niveau élevé d'implication cognitive (Darabi *et al.*, 2011). Des étudiants s'engageaient sur un 'mode de participation isolé' plutôt que d'être concernés par des apprentissages interactifs lors de discussions asynchrones (Thomas, 2002). Des étudiants sont plus intéressés par l'acquisition d'informations que par l'exercice de la pensée critique (Bonafini *et al.*, 2017) (Li & Yu, 2020, p. 600).

Ces quelques observations incitent à examiner le niveau de participation des partenaires de travail, leur degré d'engagement cognitif dans les échanges propres aux forums de discussion. D'un autre côté, ces forums présentent l'avantage de se prêter à la constitution de *communautés d'enquête* (Garrison, Anderson & Archer, 1999) avec des participants susceptibles de conduire des investigations qui reposent sur « quatre activités séquentielles : déclenchement, exploration, intégration et résolution. Ces activités présentent un caractère itératif car de nouvelles données peuvent déclencher de nouvelles enquêtes » (Li & Yu, 2020, p. 601). Identifier un problème, le mettre à l'épreuve des faits, analyser des données et résoudre le problème, ce type de démarche n'est pas sans rappeler la *pratique d'enquête* telle que conçue par Dewey (1938). Sans compter que le même Dewey préconisait la mise en œuvre de nouvelles investigations dans le but de vérifier la validité des premiers résultats. La qualité de la preuve est selon lui à ce prix.

Les étudiants ont ainsi à leur disposition un outil technologique susceptible de faciliter l'investigation collaborative mais, en même temps, leur engagement personnel paraît requis pour qu'il en soit ainsi. Insuffisamment impliqués, ils pourraient ne pas exploiter pleinement le potentiel interactif propre aux forums de discussion. C'est là que l'enseignant a un rôle à jouer en tant qu'incitateur, il peut influencer favorablement la réflexion collective, la stimuler par le biais d'interventions appropriées. D'où la notion de *présence enseignante* empruntée à Garrison *et al.* (1999) dans laquelle il y a lieu de voir, dans le cadre d'environnements en ligne, un ensemble

> de stratégies pédagogiques conçues par un éducateur pour faciliter la compréhension par les apprenants du contenu et de la matière des cours. Ces stratégies peuvent concerner la sélection et l'organisation du matériel nécessaire aux premiers cours, la conception des activités d'apprentissage, la création d'outils d'évaluation (Li & Yu, 2020, p. 601).

C'est ainsi, par exemple, qu'Henrikson (2019) s'est intéressé aux répercussions que peuvent avoir différentes formes de présentation d'un cours, effectuées par des enseignants, sur les échanges manifestés par des étudiants sur un forum de discussion.

Li et Yu (2020) ont donc orienté leur investigation dans cette direction avec des étudiants inscrits à un Master en ligne consacré aux techniques documentaires et à la gestion de médiathèques. Les deux questions auxquelles ces auteurs essaient de répondre sont les suivantes : « Quels sont les types d'incitation à échanger (formulés par les enseignants) dans un cours d'études supérieures entièrement en ligne ? » ; « De quelle manière ces incitations influencent-elles les messages initiaux et les réponses [des étudiants] au fil des discussions ? » (p. 601). L'échantillon de cette étude est constitué de 28 étudiants qui, chaque semaine, suivent à distance le cours dispensé par l'enseignant et ont à mettre en œuvre, entre eux, des échanges à caractère asynchrone. Cet ensemble d'opérations se déroule ainsi :

> L'enseignant poste deux ou trois messages d'incitation à échanger afin de sonder le niveau de compréhension des étudiants sur un sujet donné. Chaque étudiant rédige un message initial en réponse à ces incitations, puis poste au moins deux réponses aux messages initiaux des partenaires de travail. [Donc] chaque fil de discussion commence par un message initial d'un étudiant suivi de réponses faites par d'autres étudiants (p. 602).

C'est ainsi que 20 incitations à échanger, associées aux 115 fils de discussion qui s'ensuivent, ont été répertoriés par les auteurs. Il s'agit pour eux d'examiner les types de liens existants entre les premières et les seconds et de voir comment les étudiants construisent leurs connaissances par le biais d'interactions asynchrones en ligne.

L'examen des 20 incitations à échanger fait apparaître trois catégories de questions : les questions ouvertes, les questions explicatives et les questions de réflexion. Les premières sont censées amener les étudiants à faire état de leur compréhension d'un sujet donné. Par exemple, lorsque l'enseignant les interroge sur « les problèmes liés à l'autorité de contrôle, en particulier en ce qui concerne les noms des auteurs » (Li & Yu, 2020, p. 602). Les questions explicatives incitent les étudiants à justifier leurs points de vue sur un sujet donné : « Pourquoi pensez-vous que nous avions besoin de RDA [Ressources : description et accès] dans les communautés de bibliothèques ? » (p. 602). Enfin, les questions de réflexion les poussent à revenir sur ce qu'ils ont appris et à identifier le développement de leurs connaissances : « Nous avons appris un certain nombre de normes et de modèles, y compris FRBR, LRM, RDF, MARC, XML, BIBFRAME, AACR2, ISBD et RDA. Présentez deux questions que vous souhaitez davantage approfondir avec vos partenaires de travail » (p. 602).

Suite à ces incitations à interagir, les étudiants postent donc des notes sur le forum qui ont le statut de *messages initiaux*. Ceux-ci peuvent aller de simples énoncés à des partages d'émotions en passant par l'élaboration d'idées, leur développement et une réflexion menée sur celles-ci. Les auteurs constatent que le stade de la réflexion a été très rarement atteint, « ce qui peut être dû à la nature des incitations à échanger » (Li & Yu, 2020, p. 603). En revanche, les énoncés simples sont très courants comme : « BIBFRAME est un outil qui montre comment les ressources bibliographiques sont liées » (p. 603). Les étudiants utilisent également leurs connaissances ou expériences personnelles pour faire évoluer leurs idées, à l'instar de cette déclaration : « Toutes les bibliothèques dans lesquelles j'ai travaillé ont utilisé des notices MARC comme norme de catalogage … » (p. 603). Enfin il est noté que « les étudiants ont souvent utilisé des ressources externes pour enrichir leurs discussions et ont posé des questions à leurs camarades de classe. Celles-ci montrent que les étudiants ont exercé leur libre arbitre et se sont efforcés d'élargir leur compréhension » (p. 603). Deux messages initiaux illustrent ce dernier point : « En cherchant à comprendre BIBFRAME, j'ai examiné plusieurs vidéos de la Bibliothèque du Congrès, et j'ai trouvé celle-ci intitulée … » ; « Le personnel de la bibliothèque est-il suffisamment équipé pour effectuer un transfert de cet ordre de grandeur ? » (p. 603). Maintenant il faut voir comment les étudiants répondent à ces différents types de messages postés par les partenaires de travail.

Là encore une graduation est notée par les auteurs allant du simple accord avec les idées proposées par les autres au partage d'émotions avec eux. Entre ces deux extrêmes, ils situent les activités d'élaboration (le partage des expériences, l'apport de références), le développement des idées (par le biais d'interrogations ou d'ajouts de nouvelles idées) et les processus de socialisation (les conversations hors-sujet, le prolongement des échanges). Le premier type de réponses est plutôt dominant avec des étudiants « généralement d'accord avec les autres et enclins à paraphraser leurs idées » (Li & Yu, 2020, p. 603). Leurs messages se présentent alors sous cette forme : « J'apprécie ton message » ; « Oui, il y a des développements en cours pour RDF … » (p. 604). Ils ont aussi réussi à développer leurs idées en partageant leurs expériences ou avec des références à des ressources pour étayer leurs points de vue : « Pour mon système de bibliothèque, notre ILS est SIRSI Workflows … » ; « Comme le définit Merriam-Webster, le schéma est … » (p. 604). Par contre, les étudiants accèdent rarement au stade ultérieur où il s'agit de « solliciter d'autres questions, d'introduire de nouvelles idées ou de nouveaux éléments de compréhension » (p. 604). Il s'agit en général de messages de ce type : « Lors de la recherche de LCSH, avez-vous eu du mal à localiser le vocabulaire contrôlé ? » ; « Je voudrais répondre à ta première question … » ; « La seule chose que j'ajouterais est … » (p. 604). Il est par ailleurs noté que parfois les partenaires de travail se livrent à des discussions hors-sujet, ils peuvent aussi manifester une certaine solidarité comme l'exprime cette étudiante : « Il semble que nous soyons tous sur la même longueur d'onde. Cela me rassure, car je ne suis pas la seule à me sentir un peu inquiète » (p. 604). L'activité interactive des étudiants est ainsi faite, elle a comme trame différents niveaux de messages initiaux suivis de réponses non moins hiérarchisées. C'est ainsi qu'ils essaient de se forger des connaissances dans le cadre d'un cours consacré aux techniques documentaires et à la gestion de médiathèques. Mais comment de tels échanges peuvent-ils être influencés par l'enseignant ? Comment ses incitations à interagir sont-elles de nature à orienter favorablement la réflexion collective sur un forum de discussion asynchrone ?

Li et Yu (2020) ont particulièrement examiné ces questions après avoir identifié, du côté de l'enseignant, les différents types d'incitation à interagir (donc réparties en trois catégories de questions) et les discussions qu'ils suscitent, du côté des étudiants, sous la forme de messages initiaux suivis de réponses à ceux-ci. Pour tester le lien existant entre les premiers et les secondes, les auteurs ont utilisé le logiciel Nvivo 12 qui permet de trier et d'organiser des données qualitatives dans le but de mettre en évidence leurs possibles relations. Plusieurs constats ont pu ainsi être faits. Les incitations à échanger du premier niveau, c'est-à-dire les questions ouvertes formulées par l'enseignant, amènent les étudiants à produire des énoncés simples ou, au mieux, à échafauder des idées à la faveur de leurs messages initiaux. Il est toutefois important de noter qu'ils manifestent une réflexion plus élaborée lors de leurs réponses à ces mêmes messages, « sans doute parce que le partage des idées permis par les messages initiaux les amène à être plus réflexifs au fil des échanges » (p. 605).

Les incitations à échanger du second niveau (les questions exploratoires de l'enseignant) paraissent autoriser quasi directement cette réflexion collective. D'où de possibles interrogations : vaut-il mieux que les étudiants soient amenés à progresser de façon graduelle comme dans le premier cas de figure ? Ou au contraire de manière accélérée à l'image du second ? Les mêmes questions exploratoires provoquent également des réflexions d'un autre genre :

> Quand les étudiants justifient leurs déclarations, ils ont besoin de révéler leurs modes de pensée relatifs à ces déclarations. Par exemple, Tina écrivit : 'J'ai recherché dans LCHS les termes que je pensais pouvoir inclure [...]. Mais comme je ne pouvais trouver ces termes, j'ai utilisé une stratégie différente' (Li & Yu, 2020, p. 605).

Ce n'est pas tant la réflexion collective qui est ici sollicitée que la réflexion individuelle, le fonctionnement cognitif personnel semble prendre le pas sur l'activité groupale chez cette étudiante. Les incitations exploratoires ont aussi une fonction socialisante dans la mesure où elles amènent « les étudiants à extérioriser et à justifier leurs connaissances sur un sujet donné, ils deviennent ainsi plus conscients de leurs lacunes et ont l'occasion de mettre à l'épreuve leurs incertitudes » (p. 605). Faire état de ses propres connaissances, les soumettre au groupe de pairs, est effectivement de nature à susciter des observations ou commentaires de leur part. Et c'est bien à ce moment-là que d'éventuelles fragilités ou inconsistances des savoirs sont susceptibles d'être identifiées.

Les questions réflexives constituent le troisième niveau d'incitation à échanger dont l'enseignant peut faire usage : « Elles encouragent les étudiants dans l'élaboration et le développement de leurs idées » (Li & Yu, 2020, p. 606). En général, elles sont ainsi formulées : « Comment votre compréhension de ce sujet a-t-elle changé après avoir lu et observé ... » ; « Reliez les concepts A, B et C puis identifiez et soulevez les questions qui vous préoccupent » (p. 607). Ce type d'intervention a en général pour conséquence de booster l'enquête collective sur les forums de discussion. Le jeu des questions/réponses entre les étudiants est alors favorisé ce qui leur permet d'avoir des échanges qui se situent au-delà du simple partage d'informations et, partant, d'accroître leur niveau de compréhension du sujet étudié. Et il y lieu de voir, dans cet entrelacement entre les interactions et les réflexions des étudiants, un indicateur « d'engagement dans une construction approfondie des connaissances au fur et à mesure de l'avancée des discussions » (p. 606). Ce stade se présente comme une sorte d'aboutissement d'un travail collectif initié par des incitations à échanger issues d'une source extérieure au groupe de pairs, en la circonstance il s'agit d'un enseignant. Ce dernier peut alors être considéré comme celui qui est à l'origine d'une *enquête approfondie sur une question* (Kuhlthau, 2010).

Telles sont les différentes formes d'incitations à interagir dont la vocation est d'engager les étudiants dans le processus collaboratif, de faire qu'ils s'impliquent le plus possible dans l'activité d'enquête. Des questions ouvertes posées par l'enseignant constituent la première modalité identifiée par Li et Yu (2020) sur les forums de discussion. Les étudiants livrent alors de simples énoncés dans leurs messages initiaux et des réflexions un peu plus élaborées dans leurs réponses à ceux-ci. À l'opposé, les questions réflexives, caractéristiques de la dernière modalité aperçue par les auteurs, amènent les étudiants à se forger des connaissances sur le sujet étudié et, ce faisant, leur niveau de compréhension se trouve sérieusement renforcé. Entre les deux se situent les questions exploratoires qui peuvent faire l'objet de quelques observations.

Par rapport aux questions ouvertes, elles autorisent un accès plus rapide au niveau réflexif. Mais est-ce un réel avantage ? Le stade des énoncés simples est de ce fait plus ou moins escamoté, stade au cours duquel les partenaires de travail se livrent à des partages d'idées via leurs messages initiaux. Partager des idées sur un sujet donné avant de mettre en œuvre une réflexion plus élaborée, voilà une stratégie plutôt conforme à la logique constructive, comme le rappellent les auteurs de cette recherche :

> Lorsque les élèves commencent à explorer et à échanger diverses idées en réponse à des questions ouvertes, les éducateurs ont [ensuite] la possibilité de les amener à un niveau plus réflexif, à intégrer des idées émergentes et à clarifier leur compréhension (Kuhlthau, 2004, 2010) (Li & Yu, 2020, p. 607).

Ainsi, les questions exploratoires pourraient avoir pour inconvénient de précipiter le processus d'enquête, de faire que sa phase initiale basée sur le partage des idées soit quelque peu négligée. Toutefois, les mêmes questions sont susceptibles d'avoir des incidences plus positives, notamment sur les plans intra et interindividuel. Le niveau intra-individuel est sollicité en ce qu'elles incitent l'étudiant à justifier son point de vue, à étayer ses déclarations. Le niveau interindividuel l'est tout autant sachant que cet exercice intellectuel se déroule au sein d'un collectif. Les partenaires de travail ont ainsi la possibilité de réagir, d'examiner et commenter le contenu de leurs messages respectifs. Cette forte imbrication entre les processus intra et interindividuels caractérise effectivement l'activité collaborative susceptible d'être mise en œuvre, en présentiel comme à distance, par des acteurs impliqués dans des investigations ou des recherches à caractère exploratoire (Baudrit, 2009, 2018a). Les questions réflexives, propres au troisième niveau d'incitation, s'inscrivent dans la continuité d'un tel mouvement dans la mesure où il s'agit d'amener les interlocuteurs à aller plus loin en matière de compréhension des phénomènes étudiés par le biais d'« activités cognitives et de réflexions approfondies (Yang *et al.*, 2016 ; Liu, 2019) » (Li & Yu, 2020, p. 606).

Les différents stades de l'enquête correspondant aux divers types d'intervention de l'enseignant sont ainsi décrits par Li et Yu (2020). Ils se situent sur un continuum allant du simple partage d'idées à des constructions approfondies de connaissances en passant par des échanges à caractère exploratoire. Ils traduisent une montée en puissance de l'activité collaborative et, en même temps, ils se présentent comme la conséquence d'interventions dont le mérite est de donner une orientation aux investigations menées par les étudiants. En effet, la profusion des échanges et des contacts permis par les TIC ne garantit pas obligatoirement des acquisitions ou des recherches abouties, elle fait que parfois les participants peuvent se perdre dans des interactions désordonnées ou peu maîtrisées (Ajayi, 2009). Une approche plus rationnelle n'est donc pas de trop en pareil cas, elle peut venir d'un agent extérieur au groupe de pairs, en l'occurrence un enseignant dans la recherche conduite par Li et Yu (2020), qui s'emploie à structurer la communication à distance au travers d'incitations à échanger destinées à des étudiants qui interagissent via un forum de discussion. Mais ce genre d'interventions n'est pas toujours favorable à l'activité collaborative.

Du partage à la décentration : une progression parfois contrariée ?

Ishikawa, Tsubota, Umemoto, Murakami, Kondo, Suto & Nishiyama (2020) sont à l'origine d'une recherche dont l'objectif est de voir comment il est possible de modifier la culture des étudiants, de faire qu'ils travaillent de façon plus autonome, qu'ils soient moins dépendants des enseignements universitaires. L'utilisation d'applications du web paraît de nature à répondre à de telles attentes vu qu'elle peut les amener à collaborer en dehors de l'institution. La collaboration à distance a donc pour vocation de prolonger et d'approfondir les cours dispensés à l'université mais, encore une fois, les enseignants ont un rôle à jouer dans cette affaire. Au lieu de prévoir des activités individuelles à réaliser à la maison, comme il est courant de le faire, ils programment des activités collectives afin que « les étudiants travaillent ensemble sur des activités d'apprentissage hors classe dans un environnement en ligne interactif » (p. 331). De plus, ils restent toujours connectés avec eux afin d'assurer « les fonctions de facilitateur au sein d'environnements d'apprentissage collaboratif ; ils régulent les interactions, procèdent à des ajustements au regard des tâches à effectuer, ils fournissent également des conseils, même à mi-parcours, pour les aider » (p. 329). En la matière, il est fait référence à l'étude conduite par Waters (2012) dans des universités nord-américaines où professeurs et étudiants communiquent via des forums de discussion suite aux cours assurés par les premiers. L'analyse des messages postés par les uns et les autres fait apparaître deux grandes tendances. Premièrement, plus les professeurs posent et affichent des questions, plus les étudiants deviennent réactifs en termes de nombre de notes postées et de temps passé à répondre aux messages des professeurs. Deuxièmement, ceci se traduit toutefois par de « moindres interactions entre pairs, les étudiants priorisent alors les interactions avec les professeurs » (Ishikawa *et al.*, 2020, p. 329). En conclusion, la leçon à retenir de ces résultats est ainsi explicitée : « Cette étude suggère que les enseignants utilisateurs des médias du Web à des fins d'apprentissage collaboratif ne doivent pas nécessairement soutenir les interactions en ligne par un grand nombre de messages pour que ces interactions soient efficaces, en particulier si les interactions entre pairs sont privilégiées » (p. 329). Autrement dit, pour favoriser les échanges à distance entre les étudiants, il vaut mieux que les professeurs fassent un usage mesuré de leurs interventions, sinon les échanges professeurs/étudiants prennent le pas sur les interactions entre pairs. Ce qui peut être préjudiciable à l'indépendance recherchée du côté des étudiants.

C'est dans le domaine de l'apprentissage d'une langue étrangère (l'anglais pour des étudiants japonais) que l'investigation a été réalisée. Le modèle de Jones (Jones, 2006) est convoqué par les auteurs pour examiner la relation qu'il peut y avoir entre ce type d'apprentissage et les échanges entre pairs. Ce modèle sert en général de référence pour l'élaboration de modules d'apprentissage dans les cours de langues étrangères parce qu'il est fondé sur les principes suivants :

> L'accès par les apprenants à de nouvelles connaissances en matière de langues est permis, grâce à une collaboration interactive avec les pairs, parce qu'elle leur donne la possibilité d'établir des liens avec leurs connaissances antérieures ; ceci peut être bénéfique car, idéalement, l'interaction avec les pairs peut s'adapter à différents styles d'apprentissage plus efficaces qu'une approche universelle (Ishikawa *et al.*, 2020, p. 328).

C'est dans la rencontre et la confrontation de leurs connaissances initiales respectives qu'il y a lieu de situer les découvertes faites par les étudiants en matière d'acquisition des langues étrangères. De plus, les situations interactives ainsi instaurées présentent l'avantage d'offrir plusieurs voies d'apprentissage, elles ne les obligent pas à en suivre une seule comme c'est parfois le cas lorsqu'un enseignant fait un cours en face d'eux.

Vingt-quatre étudiants inscrits en première année d'étude de langues étrangères sont concernés par l'investigation conduite par Ishikawa *et al.* (2020). Dans la continuité des cours dispensés à l'université, ils travaillent en groupes de quatre ou cinq via un forum de discussion et restent connectés avec leur enseignant. Ce dernier leur soumet des textes à étudier ensemble et fait passer des tests de compréhension une fois l'activité collective terminée. Toutes les données (les messages postés, les textes et les tests) sont stockées dans le logiciel MySQL. Les interactions entre les étudiants sont codées à l'aide du logiciel d'analyse de données qualitatives NVivo, elles sont ensuite catégorisées par deux chercheurs indépendants après s'être livrés à des échanges et être parvenus à un consensus. Deux questionnaires (l'un passé avant l'expérimentation et l'autre après) ont pour vocation d'apprécier la participation active (AL : Active Learning) des étudiants et les activités d'extériorisation (AL Externalization) qu'ils manifestent. La première est en général attendue dans le cadre « d'environnements Web facilitateurs d'interactions et propices à des apprentissages actifs et participatifs (McLoughlin & Lee, 2007 ; Wheeler, Yeomans & Wheeler, 2008) » (p. 329). Les secondes se traduisent par des activités d'écriture, des discussions ou des présentations (Matsushita, 2018). La question de recherche qui anime les auteurs est ainsi formulée : « Est-ce que l'application Web utilisée dans cette étude incite les étudiants à créer et maintenir des interactions sur un semestre lors d'activités collaboratives menées en dehors de l'université ? » (Ishikawa *et al.*, 2020, p. 330).

Les douze questions posées aux étudiants sont les suivantes, ils positionnent leurs réponses sur une échelle de Likert constituée de six gradients (de 1 : pas du tout d'accord, à 6 : tout à fait d'accord) :

Q 1* : Je donne clairement mon avis au cours des discussions ;
Q 2 : Je constate que les points de vue des autres membres du groupe sont différents du mien ;
Q 3 : Je comprends mieux le contenu des cours au travers des discussions ;
Q 4* : J'ai exprimé mon point de vue et l'ai justifié ;
Q 5* : J'ai réfléchi aux moyens par lesquels je pouvais transmettre mon avis aux autres membres du groupe ;
Q 6 : Les points de vue différents des miens me stimulent ;
Q 7 : Je prends conscience de mes erreurs au travers des discussions ;
Q 8 : J'améliore mes connaissances sur le contenu des cours grâce aux échanges ;
Q 9 : Les discussions m'aident à comprendre les façons de penser que j'avais auparavant ;
Q 10 : Je vois les choses différemment après les discussions ;
Q 11 : Je prends conscience que mon avis est arbitraire lors des échanges ;
Q 12 : Je comprends le contenu des cours à partir des différents points de vue exprimés lors des discussions.
*AL Extériorisation
(Ishikawa *et al.*, 2020, p. 334).

L'examen statistique (*t*-test) des réponses entre les deux passations du questionnaire fait apparaître les résultats suivants. Globalement, les auteurs répondent positivement à la question de recherche posée : « Les étudiants ont participé activement aux discussions hors université (AL : $p < .10$, AL Extériorisation : $p < .05$) » (Ishikawa *et al.*, 2020, p. 335). Mais des nuances méritent d'être mentionnées quant aux deux processus étudiés. Vu leurs seuils de signification respectifs, l'un (l'extériorisation) est validé statistiquement quand l'autre (la participation active) l'est moins. Autrement dit, les étudiants sont bien enclins à livrer leurs points de vue aux autres membres du groupe mais leurs échanges paraissent moins évidents. Pourtant la première activité n'est-elle pas à l'origine de la seconde ? N'y a-t-il pas en elle ce qui est de nature à alimenter les discussions ? Apparemment le passage de l'une à l'autre ne paraît pas assuré. Afin d'examiner d'un peu plus près les réponses des étudiants enquêtés, il est également possible de regrouper les questions qui leur ont été posées en trois catégories : l'extériorisation (Q1/Q4/Q5) ; la compréhension des cours (Q3/Q8/Q12) ; les processus de décentration (Q2/Q6/Q7/Q9/Q10/Q11). Comment interpréter les réponses enregistrées entre les passations initiale et terminale du questionnaire ?

Si l'extériorisation fait bien sens pour les participants dans la mesure où il s'agit de livrer son point de vue aux autres, de dire ce que l'on pense, il convient de noter une évolution très positive des réponses à la Q5 (« Je prends en compte les manières de donner mon point de vue aux autres membres du groupe »). Livrer son point de vue est une chose, le faire en s'adaptant à ses interlocuteurs en est une autre. Le fait d'être attentif à leurs niveaux de compréhension des cours et des difficultés qu'ils peuvent rencontrer est plutôt de bon augure. C'est ce que montrent les réponses aux questions 3, 8 et 12. La compréhension des cours est effectivement améliorée et elle l'est grâce à un type d'échanges pointé par la Q12 : les différents points de vue exprimés lors des discussions. La pratique du partage des connaissances et des savoirs est ainsi mise en œuvre de façon bénéfique par les partenaires de travail. Reste à voir si les processus de décentration s'inscrivent dans la même logique.

Ils ont partie liée avec la notion de *conflit cognitif* mise en évidence par Piaget (1975) et sont en général associés à des interactions sociales qui « obligent le sujet à coordonner ses actions avec celles d'autrui [et] l'entraînent dans un processus de décentration qui l'engage dans un conflit entre son point de vue et celui de ses partenaires » (Perret-Clermont, 1979, p. 136). Le phénomène est d'ordre intrasubjectif s'agissant pour la personne de résoudre le problème né de la rencontre entre son avis, sur un fait ou un événement, avec ceux de partenaires de travail qui ne vont pas obligatoirement dans le même sens. C'est précisément ce que pointe la Q2 : « Je constate que les points de vue des autres membres du groupe sont différents du mien ». De son côté, la Q6 est relative à l'activité subséquente normalement déployée par la personne pour essayer de mettre à profit les processus de décentration : « Les points de vue différents des miens me stimulent ». Mais autant les étudiants font état de progrès dans le premier cas, autant cette évolution n'apparaît pas dans le second. Leurs réponses n'évoluent pas entre les deux passations du questionnaire comme s'ils rencontraient quelque difficulté face à ce genre de situation. Seraient-ils déstabilisés par le fait d'avoir à gérer des informations contradictoires ? Gênés pour sortir de ce type de problème ? L'analyse des quatre autres questions relatives aux processus de décentration mérite donc d'être menée pour essayer d'en savoir plus.

Les réponses aux questions 7 et 9 donnent à voir des progrès entre le début et la fin de l'expérimentation, celles qui sont liées à la question 10 montrent de très faibles améliorations et les réponses à la question 11 n'évoluent pas au cours de la même période. Les questions 7 et 9 font référence à des connaissances et des savoirs passés ou présents. Elles sont ainsi formulées : « Je prends conscience de mes erreurs au travers des discussions » ; « Les discussions m'aident à comprendre les façons de penser que j'avais auparavant » (Ishikawa *et al.*, 2020, p. 334). Les étudiants profitent donc des échanges avec leurs pairs pour réviser leurs points de vue ou revoir leurs modes de raisonnement. Ils semblent toutefois se satisfaire de ce type d'exercice intellectuel comme le montrent les réponses peu évolutives apportées aux deux autres questions : « Je vois les choses différemment après les discussions » ; « Je prends conscience que mon avis est arbitraire lors des échanges » (p. 334). En accordant peu d'importance à ces aspects du travail collaboratif, les étudiants ne cherchent pas à approfondir leurs connaissances ou à les remettre véritablement en question. Si les processus de décentration sont bien à l'œuvre chez eux, ils présentent cependant un caractère limité.

Cet ensemble de résultats pourrait trouver quelques explications dans le fait que les étudiants ont pour principale préoccupation de s'en tenir à la compréhension des cours afin de pouvoir répondre aux attentes de l'enseignant. C'est bien le propre du *contrat didactique* que d'amener les apprenants à se conformer à celles-ci (Brousseau, 1980). Si cette thèse trouve ses fondements lors d'activités réalisées en présentiel dans le cadre d'institutions éducatives, il n'est pas impossible qu'elle les trouve aussi lorsque les apprenants interagissent à distance surtout, et c'est le cas avec l'étude réalisée par Ishikawa *et al.* (2020), lorsqu'ils sont aidés et conseillés sur le forum de discussion par l'enseignant. C'est très certainement pour cette raison que ces auteurs n'identifient pas de validation statistique au niveau de la dimension *participation active*, celle-ci est bien mise en œuvre par les étudiants mais sans doute de manière partielle. Finalement que retenir de cette étude ?

La question de recherche à laquelle les chercheurs essaient de répondre est la suivante : « Est-ce que l'application Web utilisée incite les étudiants à créer et maintenir des interactions sur un semestre lors d'activités collaboratives menées en dehors de l'université ? » (Ishikawa *et al.*, 2020, p. 330). Plus profondément, il s'agit de faire évoluer la culture des étudiants vers plus d'autonomie et de les amener à prendre quelque distance par rapport aux enseignements universitaires. En conclusion, ils répondent de la façon suivante à cette question :

> Les résultats de la recherche ont montré que l'utilisation de l'application Web, spécialement conçue pour cette étude, peut encourager les étudiants à créer et maintenir des interactions lors d'activités collaboratives réalisées hors université, en favorisant le

> développement de compétences de communication et en leur permettant de se soutenir mutuellement dans les apprentissages (p. 336).

Effectivement, l'extériorisation de leurs points de vue respectifs ne paraît pas problématique, d'où des occurrences de partage et d'attention portée aux autres constatées en pareil cas. La compréhension des cours s'en trouve facilitée mais les processus de décentration ne sont que partiellement exploités. Leurs mises en œuvre se limitent à l'identification de points de vue différents qu'ils mettent à profit pour rectifier leurs erreurs ou mieux comprendre leurs modes de raisonnement. L'aspect dynamisant (Q6 : Les points de vue différents des miens me stimulent) et la dimension prospective (Q10 : Je vois les choses différemment après les discussions) de tels échanges ne sont pas valorisés dans les réponses des étudiants. D'où ces deux questions formulées à ce stade de l'analyse : Seraient-ils déstabilisés par le fait d'avoir à gérer des informations contradictoires ? Gênés pour sortir de ce type de problème ?

En fait, ils pourraient être moins déstabilisés ou gênés que focalisés sur les attentes institutionnelles auxquelles ils ont à répondre. En ce sens, la compréhension des cours paraît être leur principale préoccupation avec, en conséquence, un approfondissement des connaissances plus ou moins relégué parce que moins prioritaire. Et les interventions de l'enseignant ne sont pas de nature à inverser cette tendance compte tenu de leur teneur. Il peut réguler les interactions entre les étudiants, procéder à des ajustements quant aux tâches à effectuer ou encore délivrer des conseils. Autant dire que son influence reste importante malgré le fait qu'il s'agit d'échanger à distance hors université. Dans ces conditions d'ailleurs les étudiants sont plus enclins à interagir avec l'enseignant qu'entre eux (Waters, 2012) et l'autonomie dont ils disposent paraît finalement toute relative.

L'étude examinée précédemment portait elle aussi sur le rôle pris par l'enseignant auprès d'étudiants amenés à interagir à distance dans le cadre d'un cours sur les techniques documentaires et la gestion de médiathèques (Li & Yu, 2020). L'incitation à la discussion est étudiée par le biais de trois types de questions à caractère graduel : les questions ouvertes, exploratoires et réflexives. Trois formes d'interactions leur sont consubstantielles : le partage des idées, l'extériorisation et la justification des points de vue, la compréhension et la construction des connaissances. Là encore, l'influence de l'enseignant est significative en ce qu'elle amène les étudiants à interagir de façon tout aussi graduelle, même si le dernier niveau d'échanges est rarement atteint. Mais ses interventions peuvent être qualifiées d'*indirectes* au regard de la forme adoptée : le questionnement. En effet, les interventions à caractère indirect se présentent sous forme de questions qui n'attendent pas des réponses particulières, dont la vocation est principalement de solliciter l'activité réflexive individuelle ou collective. De leur côté, Ishikawa *et al.* (2020) ont plutôt examiné l'activité d'un enseignant qui intervient directement dans le jeu interactif d'étudiants impliqués dans un cours d'apprentissage d'une langue étrangère. Ce faisant, ils sont plus animés par le souci de se conformer à ses attentes et moins par celui de mener des investigations plus poussées à ce sujet. Les enseignants se donnent ainsi à voir comme des agents susceptibles d'influencer, chacun à sa manière, le cours des échanges entre pairs à distance. Ce qui, parfois, peut présenter l'avantage de donner une orientation à des interactions assez désordonnées mises en œuvre par des apprenants dispersés ou peu habitués à travailler ensemble par le biais des TIC. Tout comme ces derniers peuvent avoir tendance à limiter leur réflexion collective parce que soucieux de répondre aux exigences académiques de l'institution de tutelle. À d'autres occasions, comme cela a déjà été vu, les partenaires de travail échangent de façon plus autonome afin d'examiner un fait ou un phénomène particulier, à l'instar de ces étudiants observés par Li *et al.* (2018) dans le cadre d'une formation aux métiers de l'éducation. Par exemple, dans la continuité d'un cours de sciences, certains ont choisi de s'intéresser à l'effet Coriolis. Les auteurs identifient différents niveaux d'implication dans l'activité collaborative qui, subséquemment, amènent les étudiants à construire des connaissances scientifiques de façon plus ou moins approfondie. C'est dans l'association entre la diversité interactive et la critique constructive qu'il y a lieu de voir les conditions les plus favorables au travail d'investigation mené par ces étudiants. En somme, une gestion relativement équilibrée de la quantité et de la qualité interactives pourrait les faire progresser significativement dans les domaines scientifiques.

Tels sont quelques enseignements à tirer de ces études dont la particularité est de s'intéresser aux échanges manifestés par des interlocuteurs qui interagissent par le biais de forums de discussion conçus, la plupart du temps, pour fonctionner en réseaux internes sur le mode *Intranet*. En l'occurrence, il s'agit d'étudiants amenés à approfondir des notions abordées en cours ou intéressés par des thématiques de recherche particulières. Inscrits dans le même établissement universitaire et souvent au même niveau d'études, ils forment finalement des *communautés d'enquête* relativement limitées en nombre de participants. De plus, une certaine stabilité caractérise les constitutions groupales avec peu de renouvellements ou de *turnovers* vu la régularité des cursus universitaires dans lesquels ils se situent. Mais tel n'est pas toujours le cas. L'amplitude du réseau peut très largement dépasser une promotion ou un groupe d'apprenants et, dans ce cas, les occurrences de connexions et d'interactions prennent des dimensions bien plus importantes.

Des pratiques interactives propices à des découvertes fortuites ?

Si les TIC permettent bien à des interlocuteurs de mener des investigations à distance, celles-ci peuvent prendre différentes formes précisément en fonction des caractéristiques des personnes concernées et des types de TIC utilisées. Il peut s'agir de participants qui se connaissent déjà, animés par les mêmes préoccupations en termes de recherche, mais aussi d'interlocuteurs non connus dont l'entrée dans le jeu interactif est rendue possible par le biais du réseautage social propre à chacun. C'est ainsi que se constituent des réseaux qui ne sauraient être limités à des membres « inscrits », c'est-à-dire interconnectés de façon plus ou moins formelle (Audran & Simonian, 2009). En ce sens, un EPA (*Environnement Personnel d'Apprentissage*) ne doit pas seulement être considéré comme « un espace personnel, il présente également un aspect social en ce qu'il permet de se connecter avec d'autres espaces personnels afin de tirer parti de connaissances au sein d'écologies du savoir ouvertes et émergentes » (Saadatmand & Kumpulainen, 2013, p. 71). Pour cette raison d'ailleurs, certains auteurs considèrent le RPA (*Réseau Personnel d'Apprentissage*) comme étant un des éléments constitutifs de l'EPA vu les potentialités interactives permises par ce dernier (Mott, 2010 ; Wheeler, 2011). Plus largement, il y a là une tendance générale qui trouve ses fondements dans « la démultiplication des possibilités de se lier permise par Internet » (Cristol, 2017, p. 45). Le caractère extensif des échanges à distance est donc souligné, ils ne se limitent pas obligatoirement à quelques interlocuteurs soucieux de travailler une question ou d'appréhender une situation inédite ensemble. Il convient plutôt de les situer dans le cadre « d'environnements d'apprentissage WEB qui offrent aux étudiants de nouvelles opportunités de communication » (Walker & Haddon, 2011, p. 356).

Saadatmand et Kumpulainen (2013) se sont intéressés à ce genre d'environnements avec des étudiants inscrits à des cours en ligne de type MOOCs (*Massive Open Online Courses*) proposés par des universités canadiennes. Pour ces auteurs, un EPA est constitué « de systèmes, d'applications et de services liés à des médias sociaux qui aident les étudiants à contrôler leurs apprentissages en regroupant, manipulant et créant des contenus numériques et des artefacts d'apprentissage, et en les partageant avec les autres » (p. 70). De la sorte, chacun peut choisir les outils et dispositifs numériques dont il a besoin, les utiliser à sa manière et échanger des données ou des documents avec différents interlocuteurs. La démarche adoptée prend donc une orientation informelle dans la mesure où elle marque le passage « d'un environnement d'apprentissage monolithique dans lequel tout doit être contrôlé et prévisible à une écologie d'apprentissage plurielle dans laquelle les domaines d'application et les modes d'apprentissage émergeants ont leur place » (Williams, Karousou & Mackness, 2011, p. 55). Le terme *émergeant* se comprend ici dans le sens où acteurs et systèmes co-évoluent, se renouvellent ensemble, et lorsque « l'apprentissage découle de l'interaction entre un certain nombre de personnes et de ressources, lorsque les apprenants organisent et déterminent à la fois les processus et dans une certaine mesure les orientations d'apprentissage, les deux deviennent imprévisibles » (p. 41). Telle est une des conséquences majeures des apprentissages autogérés, ils peuvent se prêter à l'inattendu ou à l'inédit étant sous le seul contrôle des personnes concernées. Ce sont sur ces bases que Saadatmand et Kumpulainen (2013) ont élaboré leur investigation.

L'hypothèse qu'ils formulent prend donc la forme suivante : « Nous soutenons que dans les contextes ouverts d'apprentissage en ligne où les apprenants sont impliqués dans une variété de ressources et d'activités, les processus d'apprentissage fortuits sont plus probables et peuvent être précieux pour qu'ils envisagent de nouvelles perspectives d'apprentissage » (Saadatmand & Kumpulainen, 2013, p. 72). Les deux questions auxquelles ils essaient de répondre sont les suivantes :

> Comment un EPA est-il utilisé pour rechercher, regrouper, créer et partager des contenus relatifs à des cours en ligne ouverts ? ; Y a-t-il une part de hasard dans le processus d'utilisation de divers outils et services du Web 2.0 et, si oui, comment se manifeste-t-elle ? (p. 73).

Voilà deux questions plutôt complémentaires dans la mesure où la première interroge l'interactivité apprenants/outils numériques quand la seconde porte sur les possibles conséquences d'une telle interactivité en termes de découvertes ou de résultats inattendus. Ces chercheurs adoptent une démarche ethnographique pour étudier l'activité des étudiants concernés par des cours en ligne conçus sur le format MOOCs. Plus précisément, leur approche est de l'ordre de l'ethnographie en ligne qui se présente comme une méthode de recherche qualitative apte à scruter

> les activités réelles, les expériences d'apprentissage et les engagements des participants à des cours en ligne ouverts. Cette méthodologie de recherche se concentre sur les complexités du monde social contemporain à médiation technologique (Kozinets, 2010). L'ethnographie en ligne est utilisée pour étudier les phénomènes d'apprentissage en réseau et les pratiques en ligne médiées par la technologie (Conole, 2010 ; Kieslinger & Ebner, 2011) (Saadatmand & Kumpulainen, 2013, p. 73).

Les données collectées par les chercheurs portent donc sur l'activité des étudiants inscrits à des cours en ligne de type MOOCs proposés par des universités canadiennes durant les années 2010 et 2011. Leur nombre varie de 150 à 1 500 en fonction des cours, ils habitent dans de nombreux pays dans le monde. Les techniques de recueil de données sont les suivantes : enquêtes en ligne, entretiens semi-structurés en ligne, notes de terrain prises par les chercheurs, productions en ligne des participants. Voici comment se déroule l'investigation ethnographique :

> Après chaque cours, une enquête est menée sur les activités et les expériences des participants pendant le cours. Ensuite, douze entretiens sont réalisés chacun d'une durée allant de 45 à 80 minutes. Parce que les étudiants sont dispersés dans différents pays, les entretiens ont été menés et enregistrés en ligne à l'aide de Skype et de Google Talk [...]. Les données en ligne comprennent les types de contenus que les participants ont produits et partagés sur leurs blogs, sur Twitter, Facebook et YouTube, ainsi que leurs projets quant au cours et leurs réflexions sur les apprentissages réalisés pendant le cours. Les entretiens ont été retranscrits et analysés à l'aide de techniques d'analyse qualitative (p. 73).

Quelques étudiants s'expriment d'abord sur leurs façons de concevoir et d'utiliser leur EPA. Voici trois témoignages à ce sujet :

> Mon EPA comprend un ensemble d'outils que j'utilise pour traiter les informations du Web : Twitter, Tumblr, Google Reader, Flickr, Slideshare, e-mail (Saadatmand & Kumpulainen, 2013, p. 73).
>
> Il s'agit de toute une série d'outils qui permettent de se connecter avec des personnes et des ressources et d'avoir des échanges [...]. Je vois mon EPA comme composé de diverses technologies en termes de processus et d'organisations (Saadatmand & Kumpulainen, 2013, p. 73).
>
> Pour moi, un EPA c'est une sorte de jargon qui désigne une collection d'outils utilisés pour organiser les ressources dans un environnement Web. Si vous étendiez sa signification, il pourrait également inclure des salles de classe, des programmes télévisés, des réunions dans les couloirs, etc. Comme un ensemble d'outils, les EPA ont pour caractéristique d'être contrôlés de façon individuelle par les apprenants, ils représentent des approches individuelles du monde social ou professionnel (Saadatmand & Kumpulainen, 2013, p. 74).

Ces trois témoignages décrivent l'EPA comme étant un ensemble d'outils technologiques gérés de façon individuelle avec des usages assez diversifiés. Il peut s'agir de traiter de l'information, de se connecter avec d'autres interlocuteurs ou encore d'organiser des données numériques. Les auteurs de cette étude ont deux mots pour caractériser cet état de fait : autonomie et flexibilité. Autonomie dans la mesure où les personnes disposent de toute latitude quant au choix et à l'utilisation des outils technologiques dont il est question. Flexibilité précisément parce que leur utilisation présente une certaine souplesse, ils ne sont pas destinés à un seul usage, ils n'ont pas une seule vocation. Ce dont d'autres témoignages font état :

> Mon EPA est mon navigateur dans un sens général où j'ai configuré de nombreux plugins et outils pour rester à jour concernant les informations que je collecte et envoie. J'ai souscrit à une plateforme web que j'utilise pour intégrer le contenu des blogs et des sites Web (Saadatmand & Kumpulainen, 2013, p. 74).
>
> J'utilise mon blog Wordpress pour communiquer mes propres idées et expériences dans l'enseignement, en ligne et sur site. J'utilise Google Reader pour lire les articles de blogs, mais c'est tellement énorme que j'ai du mal à l'utiliser pour stocker tous les documents, j'utilise donc Diigo pour cela. Twitter fait partie de mon EPA, mais Facebook ne l'est pas. J'utilise Slideshare pour partager des présentations de conférences et des cours. J'utilise Flickr pour partager des photos liées au travail ou aux cours. J'utilise Diigo pour repérer des articles en relation avec mes cours (Saadatmand & Kumpulainen, 2013, p. 74).

L'EPA se présente bien comme un ensemble d'outils technologiques, mais ce n'est pas tout. Il s'agit d'un ensemble structuré et organisé dans un but fonctionnel. En général, son utilisateur l'a conçu de telle sorte qu'il puisse « regrouper des contenus issus de différentes sources, remixer, réutiliser et créer de nouveaux contenus et les partager au moyen de différents outils » (Saadatmand & Kumpulainen, 2013, p. 74). La notion de *système* semble appropriée pour décrire de tels agencements, Roland et Talbot (2014) la convoquent effectivement s'agissant de considérer un EPA comme « un ensemble d'éléments de nature et de niveaux différents entretenant entre eux des relations structurelles et fonctionnelles qui créent de l'organisation et de la complexité (Talbot, 2009) » (p. 289). Il convient toutefois de revenir sur l'idée que l'EPA se prête également à des ouvertures, il ne s'agit pas seulement de gérer en interne divers outils technologiques : « L'EPA n'est pas seulement un espace personnel mais aussi un espace social destiné à promouvoir divers processus de mise en réseau [...] pour regrouper, créer et partager des connaissances » (Saadatmand & Kumpulainen, 2013, p. 74). Les étudiants observés par ces auteurs trouvent bien là de puissants moyens pour échanger et communiquer à distance à propos de cours en ligne de type MOOCs comme l'expriment deux d'entre eux :

> J'ai TweetDeck. J'utilise Twitter parce que je me connecte en ESL [English Second Language] dans le monde entier et nous tweetons sur des sujets qui animent nos discussions chaque semaine. J'assiste à l'un des webinaires grâce à Twitter, je veux dire que Twitter m'a fait découvrir beaucoup de choses dans ce monde (Saadatmand & Kumpulainen, 2013, p. 75).

> Avant je ne tweetais pas, j'ai ouvert un compte Twitter avec les cours en ligne et depuis j'ai une très bonne expérience avec Twitter, j'apprécie vraiment Twitter, c'est l'un de mes meilleurs outils. J'ai tellement de connexions, j'ai tellement de ressources # hash-tags sur Twitter, mais aussi des gens très intéressants que je ne connaissais pas auparavant et dont je ne connaissais pas véritablement les travaux (Saadatmand & Kumpulainen, 2013, p. 76).

Ces témoignages font état d'un point important quant aux échanges mis en œuvre. Les outils technologiques utilisés autorisent des contacts pratiquement sans limite. Comme les étudiants inscrits aux cours en ligne se trouvent dans de très nombreux pays, le potentiel interactif est très largement ouvert et diversifié. Mais un autre étudiant va plus loin en termes d'exploitation d'un tel potentiel, ce n'est pas seulement une affaire de volume d'interactions possibles :

> Je pense que la véritable force des MOOCs était que la quantité d'apprentissages émergeants était énorme et qu'il n'y avait aucun moyen de prédire ce qui allait se passer. S'il n'y avait pas eu ces liens dans ces cours, je n'aurais pas pu travailler avec différentes personnes de différents pays, ce qui est fantastique, c'est d'avoir la possibilité de travailler en ligne, ce qui est impossible autrement (Saadatmand & Kumpulainen, 2013, p. 76).

Cet étudiant laisse entendre que la surabondance des échanges est de nature à provoquer de l'incertitude ou à semer le doute : « Il n'y avait aucun moyen de prédire ce qui allait se passer ». En de telles circonstances, les connaissances, savoirs ou idées peuvent en effet venir de toutes parts et à n'importe quel moment, d'où de possibles effets aussi inédits qu'inattendus. Il s'agit d'un phénomène identifié et décrit de la façon suivante :

> Ce processus de découvertes et d'interactions non planifiées est ce que l'on appelle la 'sérendipité' (Gritton, 2007 ; Buchem, 2011 ; Kop, 2012b). Nous considérons la sérendipité comme étant associée à des sources d'apprentissage inexplorées qui peuvent être favorisées par une connectivité et un engagement accrus permis par les outils et les réseaux en ligne (Saadatmand & Kumpulainen, 2013, p. 72).

En somme, selon ces auteurs, les TIC sont susceptibles de provoquer ce genre de phénomène, certes vu les échanges foisonnants qu'ils autorisent, mais aussi au regard de leur caractère multidirectionnel. C'est ainsi qu'un EPA donne accès à

> une multitude de ressources et de contenus qui ont déjà circulé dans différents réseaux et par le biais de différentes personnes [...]. Ceci favorise la probabilité de recevoir de la matière qui peut inspirer de nouvelles idées. À travers ces découvertes, la personne peut également développer de nouveaux liens et repérer de nouveaux contacts. Une telle activité dynamique et spontanée est susceptible d'ouvrir de nouvelles voies de découverte (Saadatmand & Kumpulainen, 2013, p. 75).

Le mécanisme s'apparente à une sorte de boucle sans fin où de nouvelles idées en appellent d'autres, et ainsi de suite. Un tel jeu interactif, basé sur le doute et propice à la découverte, n'est pas sans rappeler le cheminement escompté par Dewey (1938) par le biais de la *pratique d'enquête*. Le phénomène semble toutefois amplifié par l'usage des TIC compte tenu des occurrences d'échanges à la fois accrues et multidirectionnelles dont les conséquences en termes de circulation des idées, des savoirs ou des contenus pourraient se traduire par des découvertes encore plus inédites ou inattendues.

Telles sont les principales observations réalisées par Saadatmand et Kumpulainen (2013) à la faveur de leur recherche menée sur le fonctionnement de cours, conçus selon le format MOOCs, proposés dans l'enseignement supérieur canadien. Elles leur permettent notamment d'apporter des éléments de réponse à la seconde question initiale ainsi formulée : « Y a-t-il une part de hasard dans le processus d'utilisation de divers outils et services du Web 2.0 et, si oui, comment se manifeste-t-elle ? » (p. 73). Dès lors, ce genre d'occurrences est susceptible de survenir

> lorsque les individus s'engagent dans une multitude de ressources et de matériaux à disposition en ligne via différents référentiels, lorsqu'ils sont connectés à de nombreux réseaux et groupes, lorsqu'ils sont disposés à partager leurs idées librement et ouvertement avec les autres, l'ensemble de ces processus rend possible des événements inattendus ou des coïncidences imprévisibles que nous considérons comme des apprentissages fortuits (p. 76).

La dimension sociale paraît déterminante dans l'émergence de tels phénomènes dans la mesure où ils dépendent grandement des interactions mises en œuvre par les acteurs, des relations interindividuelles permises par les outils technologiques utilisés. En conséquence, la notion de *sérendipité sociale* est évoquée par les auteurs en conclusion de leur étude considérant que

> des outils de bookmarking social comme Delicious, Diigo, Digg, etc., deviennent des espaces de découverte (Nothhaft, 2010). Concernant les MOOCs que nous avons étudiés, certains de ces outils ont été utilisés par les participants pour partager des contenus liés à leur intérêt et pertinents quant aux sujets des cours (p. 76).

La *sérendipité sociale* prend cette configuration dans le cas de figure examiné, elle a toutefois fait l'objet d'investigations et d'études plus récentes.

La sérendipité sociale : des opportunités à saisir pour d'éventuelles collaborations ?

Olshannikova, Olsson, Huhtamäki, Paasovaara & Kärkkäinen (2020) se sont intéressés à cette forme de sérendipité non sans avoir auparavant distingué la sérendipité naturelle et la sérendipité artificielle. La première se traduit par des contacts susceptibles de survenir dans le cadre habituel où évoluent les acteurs (Kiesler & Cummings, 2002), la seconde est au contraire

> facilitée ou déclenchée par le biais de moyens artificiels tels que les applications des technologies de l'information et de la communication [TIC] [...]. Elle est le fait de systèmes qui permettent des contacts fortuits ou impromptus (Jeffrey & McGrath, 2000) dans le but de stimuler la sensibilité sociale des personnes et de favoriser leurs interactions (p. 1).

Et il est attendu de telles connexions des bénéfices non moins inattendus ou imprévus en termes de connaissances ou de savoirs. À l'appui des TIC, la sérendipité sociale pourrait se manifester ainsi et avoir ce genre de conséquences.

Les auteurs ont examiné ces questions auprès d'une population bien spécifique s'agissant « de personnes exerçant des professions exigeant un haut niveau de créativité, une large gamme de compétences intellectuelles et de connaissances théoriques (Frenkel *et al.*, 1995) » (Olshannikova *et al.*, 2020, p. 2). Ces acteurs, qualifiés de « travailleurs du savoir » par Davenport (2005), ont « des niveaux élevés en termes d'expertise, d'éducation et d'expérience, le but premier de leur travail est la création, le partage ou l'application de connaissances » (p. 9). Ce sont en général des architectes, des ingénieurs, des physiciens, des chercheurs dans le domaine de la santé qui sont amenés à échanger des données et des informations en lien avec leurs spécialités. De nos jours, ils sont confrontés à des défis dont les solutions prennent un caractère éminemment interactif : « Hautement connecté et collaboratif, le travail moderne sur les connaissances peut bénéficier de la sérendipité sociale parce que l'activité de ces personnes nécessite souvent de larges réseaux sociaux, divers types d'informations et de nombreux contacts entre experts (Skyrme, 2007) » (Olshannikova *et al.*, 2020, p. 2). L'importance du caractère extensif et multidirectionnel des échanges est une nouvelle fois soulignée, tout ceci associé au fait que le hasard mérite également d'être pris en considération. Dans le flot des interactions, dans la multitude des connexions rendues possibles par l'usage des TIC, des données non attendues ou des idées inédites peuvent faire que les réalisations prennent une autre dimension. Créativité et inventivité sont alors susceptibles de se présenter comme des valeurs ajoutées par rapport aux productions initialement escomptées. Voilà un constat plutôt positif qui, à l'évidence, suscite plus la curiosité des auteurs qu'il ne l'apaise :

> Pour les personnes, la sérendipité peut être une expérience bénéfique fournissant à la fois du plaisir émotionnel et des gains instrumentaux. La conception des systèmes d'information générateurs de sérendipité pourrait bénéficier d'une compréhension empirique plus approfondie à partir d'exemples tirés d'expériences vécues par les acteurs afin de voir comment la sérendipité sociale se manifeste dans le cadre de telles expériences (p. 2).

En somme, il s'agit d'essayer d'identifier les mécanismes à l'œuvre, de tenter de saisir le comment et le pourquoi d'un tel phénomène. D'où les deux questions initiales formulées par les chercheurs : « Qu'est-ce qui caractérise la sérendipité dans le contexte des contacts sociaux établis par les travailleurs du savoir ? » ; « Quels comportements et quels processus expérientiels sont associés à la sérendipité sociale ? » (p. 2).

Leur travail de recherche a donc consisté à enquêter auprès d'acteurs identifiés comme étant des « travailleurs du savoir » dans le but de repérer, à travers leurs échanges à distance, des occurrences de sérendipité. Cette dernière est associée par les auteurs à « l'expérience de rencontres sociales inattendues, perçues comme heureuses, qui se traduisent par des interactions personnalisées, des réseaux, des informations ou d'autres résultats permis par l'interaction sociale » (Olshannikova *et al.*, 2020, p. 2). C'est donc au sein du vécu habituel des personnes que le phénomène est recherché notamment dans la continuité des travaux menés par Liang (2012) qui « a considéré le concept [de sérendipité] comme une opportunité expérientielle intégrée aux technologies interactives et l'a défini comme étant 'une pure expérience de la vie quotidienne entremêlée avec une écologie enchevêtrée de systèmes interactifs' (p. 44) » (Olshannikova *et al.*, 2020, p. 2). Autant dire qu'il s'agit de tenter d'explorer la complexité de l'activité communicative habituelle des « travailleurs du savoir » pour y trouver des indices ou des indicateurs susceptibles de révéler d'éventuelles manifestations du phénomène recherché. Pour ce faire, les auteurs ont opté pour une approche qualitative basée sur des questionnements à caractère ouvert. Les enquêtés répondent librement aux questions qui leur sont posées et leurs réponses font l'objet d'analyses qualitatives, c'est-à-dire regroupées par catégories. Par exemple, deux types de réponses ont pu être identifiés s'agissant des origines des contacts fortuits : les déclencheurs contextuels et les déclencheurs interactifs. L'enquête en ligne comportait cinq grandes parties :

> La première était centrée sur les expériences de sérendipité sociale vécues par les répondants et incluait des questions sur le nombre total de ces rencontres avec de

> brèves descriptions des plus importantes. La seconde les amenait à plus enter dans le détail de ces expériences. Des recherches antérieures ont montré le rôle que joue le contexte (Zhou *et al.*, 2018), aussi la troisième partie était-elle composée [...] de questions ouvertes portant sur les contextes physiques, sociaux et personnels des rencontres rapportées. La quatrième portait sur les attitudes, les similitudes et les différences entre les personnes rencontrées, ainsi que sur les activités qui ont fait suite à ces rencontres et les résultats obtenus. La cinquième partie était consacrée aux points de vue et idées des répondants quant aux TIC susceptibles de favoriser la sérendipité. Enfin, le travail d'enquête portait sur les données démographiques des répondants, leurs attitudes vis-à-vis des technologies, leurs utilisations courantes des médias et réseaux sociaux (p. 5).

L'échantillon a été constitué à partir de listes de personnes impliquées dans des événements scientifiques et des plates-formes d'appel à des participants comme *callforparticipants.com* ou *LinkedIn*. Il s'agissait de recruter des « travailleurs du savoir » estimant que la sérendipité sociale leur a été bénéfique à un moment ou à un autre en termes de découvertes ou d'approfondissement des connaissances. Leur sélection s'est faite de la façon suivante :

> Nous avons clos l'enquête après avoir recueilli 50 réponses sur plusieurs mois, ce que nous avons considéré comme suffisant pour mener des analyses qualitatives. Sur les 50 répondants, 37 ont fourni suffisamment de détails sur les rencontres sociales ayant eu des effets sur leur vie professionnelle. Les treize autres récits ont été exclus parce qu'ils portaient sur des avantages non professionnels comme des histoires d'amour ou d'amitié ou parce qu'ils faisaient état de points de vue très généraux sur le hasard des contacts sans donner d'exemples bien précis (Olshannikova *et al.*, 2020, p. 6).

Les personnes retenues habitent dans différents pays (Finlande, Russie, Grande-Bretagne, Grèce, États-Unis, Inde, Kazakhstan, Yémen), elles sont inscrites ou ont été inscrites dans des cursus universitaires de haut niveau (études doctorales, masters). Professionnellement, elles se répartissent ainsi :

> Chercheur [N=9] était la profession la plus courante parmi tous les répondants. Certains ont déclaré travailler dans les TIC comme, par exemple, des architectes de données, des ingénieurs en logiciel et des physiciens computationnels. Les professions restantes incluaient, par exemple, des chefs d'entreprise, des experts en soins de santé, des designers, des spécialistes de la gestion et des ventes (p. 6).

Les analyses qualitatives ont porté sur les réponses à des questions ouvertes et se sont déroulées en trois temps comme le préconise Saldaña (2015). La première approche consiste à

> regrouper les données brutes en catégories générales qui donnent lieu à deux activités de codage. La première dégage les histoires les plus frappantes et les résultats retenus par les répondants [...]. Ensuite, le second codage structurel effectué sur les rencontres

> sociales fortuites s'inspire du modèle élaboré par McCay-Peet & Toms (2015) [l'élément déclencheur, la connexion, le suivi et la valeur du résultat] [...]. Enfin, un codage ciblé a été effectué pour identifier les catégories les plus fréquentes (Olshannikova *et al.*, 2020, p. 7).

Identifier les principales formes de sérendipité sociale pour ensuite examiner les différentes phases qui les caractérisent, telle semble être la stratégie méthodologique adoptée par les auteurs. Elle leur permet de dégager les résultats suivants.

Les auteurs notent d'emblée que les personnes enquêtées identifient plutôt bien la sérendipité sociale notamment en réponse à la question 4 ainsi formulée : « Pouvez-vous décrire la première rencontre de ce type de votre point de vue et de façon la plus détaillée possible ? » (Olshannikova *et al.*, 2020, p. 6). Le facteur *chance* est évoqué par une grande majorité des répondants, ceci associé au fait qu'il s'agit d'expériences incontrôlables et la plupart du temps non recherchées. Mais la personnalité de chacun peut entrer en ligne de compte comme l'exprime une femme grecque qui exerce la profession de Designer graphique :

> Nous étions tous deux bavards et nous avons trouvé en l'autre un collègue plutôt intéressant. La chance à jouer car il cherchait quelqu'un correspondant à mon profil professionnel. À cette époque, j'étais aussi très active, et j'ai tout naturellement saisi cette opportunité pour travailler sur un projet à la fois difficile et passionnant (p. 8).

Les acteurs inscrivent effectivement ces rencontres fortuites dans le sens de la valorisation de leur vie professionnelle, ils y voient l'occasion de développer des réalisations qu'ils n'auraient pu initier seuls, sans une étroite collaboration avec une ou plusieurs personnes expertes dans des domaines bien particuliers. Il y a une part de chance dans cette affaire mais aussi, comme le dit cette dernière répondante, des traits de personnalité plus ou moins facilitateurs comme, par exemple ici, un penchant extraverti.

Le réseautage social est de nature à favoriser ce genre d'opportunité comme le mentionne une britannique Responsable formation et développement :

> L'année dernière, un homme s'est connecté avec moi sur Facebook après avoir lu mes commentaires envoyés à un ami commun. Il est venu dans l'endroit où je vis pour animer un atelier de travail et m'a demandé, deux jours avant, si j'avais du temps à lui consacrer. Nous nous sommes rencontrés autour d'un café. Nous avons des compétences communes et partageons des valeurs, nous sommes intéressés par le développement durable, le coaching et l'éthique. Nous avons immédiatement trouvé une idée de travail en commun. Il m'a également orienté vers une autre personne que j'ai rencontrée hier soir, elle veut aussi travailler avec nous (Olshannikova *et al.*, 2020, p. 9).

Les réseaux sociaux sont très propices à ces types de regroupements constitués sur le mode de l'« effet boule de neige » : un contact en appelle un autre, qui en appelle un autre, et ainsi de suite. C'est en général ainsi que se forment les groupes collaboratifs composés de nombreux participants :

> Lorsque la collaboration en présentiel paraît concerner des dyades ou des groupes restreints, la collaboration à distance est susceptible de mobiliser des interlocuteurs en plus grand nombre à l'appui des TIC qui contribuent 'au développement des réseaux de communication et rassemblent tout ce qui est en rapport avec Internet et le multimédia' (Mastafi, 2016, pp. 181-182) (Baudrit, 2018a, p. 249).

Mais, comme le laisse entendre ce dernier témoignage, les contacts initiés par le biais du réseautage social peuvent être à l'origine de réunions en présentiel dont l'intérêt est de permettre aux interlocuteurs de préciser leurs projets de partenariat professionnel. C'est là que la collaboration à distance se présente comme une sorte de propédeutique à la collaboration en présentiel. Le hasard des contacts autorisés par les TIC est finalement à interpréter comme une chance de travailler étroitement ensemble pour les personnes ainsi connectées. Selon le modèle présenté par McCay-Peet et Toms (2015), le mécanisme de la sérendipité sociale peut être décomposé en quatre temps : l'élément déclencheur, la connexion, le suivi et la valeur du résultat.

L'incertitude et la rationalité au fondement de la sérendipité sociale ?

Olshannikova *et al.* (2020) se sont donc inspirés de ce modèle pour analyser les processus à l'œuvre lorsque les « travailleurs du savoir » bénéficient de contacts impromptus à même de faire évoluer favorablement leurs activités professionnelles. Nombreux sont ceux qui, comme la femme britannique dont il vient d'être question, voient dans l'utilisation des TIC des opportunités assimilables à des éléments déclencheurs. Voici ce que dit un finlandais Directeur des ventes à ce sujet :

> Les TIC peuvent aider les professionnels à se connecter en ligne en fonction, par exemple, d'intérêts, d'objectifs professionnels ou d'ambitions, elles offrent des possibilités de connexion de type 'blind date', un peu comme 'les connaissez-vous ?' sur LinkedIn, ou 'les gens avec qui vous avez des intérêts communs'. Je ne peux pas vraiment définir les caractéristiques techniques autrement qu'en disant qu'un algorithme peut fournir des 'blind dates', puis en fonction des feed-back des utilisateurs on apprend à mieux repérer les types de personnes utiles, ou de nouveaux contacts (p. 10).

Des partenaires de travail ou des collaborateurs potentiels sont susceptibles d'être découverts ainsi, par le biais de TIC conçues à des fins prospectives. Mais la démarche n'est pas sans risque selon ce britannique Architecte de données :

> Je pense qu'il devrait y avoir des moyens pour avoir des profils validés par les médias sociaux, en matière d'exactitude et de fiabilité. Je fais confiance aux gens, mais je me sentirais mieux en acceptant la connexion avec des personnes inconnues s'il y avait un moyen de vérifier leurs profils, comme les 'blue ticks' que les célébrités ont sur Twitter (p. 10).

Ce scepticisme est partagé par un finlandais Fondateur et associé qui a ces mots pour dire la défiance ressentie lors de telles prises de contact : « Les TIC peuvent accroître les soi-disant coïncidences – augmenter les rencontres fortuites entre toute une diversité de personnes – mais dans de nombreux cas, elles ne prennent pas en compte la valeur créative, qui est l'élément critique dans la sérendipité » (p. 10). Il est effectivement attendu de ces contacts fortuits qu'ils aient des conséquences positives, ce que les outils numériques utilisés ne garantissent pas nécessairement. Selon les auteurs de cette étude, il s'agit d'une affaire de modes de communication et de types de TIC utilisés : « Une telle attitude [de défiance] pourrait s'expliquer par des écarts de confiance liés aux interactions en ligne et hors ligne [en présentiel] et par des différences entre les supports de communication numérique [par exemple, chats *vs* video calls] » (p. 10). Autrement dit, le fait de voir le nouvel interlocuteur est de nature à rassurer, il paraît plus aisé de se faire une opinion sur lui et sur sa crédibilité quant aux projets de travail envisagés.

Pour l'instant, il est fait référence à des facteurs contextuels en tant que déclencheurs de la sérendipité sociale, comme l'usage des TIC mais aussi le milieu professionnel, le monde universitaire, les manifestations scientifiques auxquelles participent les chercheurs ou tout autre événement où il est possible d'établir des contacts inattendus. Mais une distinction est introduite par les auteurs : « Les déclencheurs contextuels font référence aux paramètres environnementaux qui suscitent des perceptions d'expériences fortuites, tandis que les déclencheurs interactifs provoquent des échanges non recherchés avec les personnes rencontrées » (Olshannikova *et al.*, 2020, p. 9). Dans ce dernier cas, c'est dans le flot des échanges plus ou moins habituels que des occurrences de sérendipité sont susceptibles d'apparaître à la faveur du processus suivant : « Des rencontres répétées avec les mêmes interlocuteurs pourraient facilement attirer l'attention [de l'ordre du familier étrange] et motiver l'initiation d'interactions pouvant conduire à des résultats potentiellement intéressants » (p. 10). De la sorte, derrière le familier se cache l'inattendu et c'est à force d'interagir avec des personnes connues que ce dernier est susceptible de se révéler. À ce sujet, Crick (1988) parle de « test du bavardage » dans le domaine de la recherche scientifique lorsqu'il évoque « les innombrables rencontres, colloques, séminaires et entretiens où l'on aurait tort de voir l'accessoire de la recherche. Ils en sont les accumulateurs d'énergie destinés à influer sur le choix des idées ou des faits alternatifs » (Moscovici & Doise, 1992, p. 66). C'est d'ailleurs ainsi que Crick trouve des explications à la supériorité de l'équipe qu'il forme avec Watson à Cambridge, par rapport à l'équipe de Londres, dans la découverte du code génétique :

> Nous avions élaboré des méthodes tacites et fructueuses de collaboration, chose qui faisait totalement défaut au groupe de Londres. Si l'un de nous suggérait une idée neuve, l'autre, tout en la prenant au sérieux, acceptait de la démolir avec toute la franchise possible mais sans hostilité (1988, p. 80) (cité par Moscovici & Doise, 1992, p. 66).

Ce sont des interactions de ce type qui, de par leur caractère foisonnant et contradictoire, sont de nature à révéler des pistes de recherche inexplorées ou novatrices à condition toutefois que les participants obéissent à la règle qui consiste à « mener à leur terme les polémiques intellectuelles et sociales, en évitant qu'elles ne deviennent personnelles » (p. 66).

Knorr-Cetina (1981) avait bien identifié cette tendance quelques années auparavant lorsqu'elle écrivait ceci :

> Les choix du laboratoire ne sont pas liés à des prises de décision individuelles, mais vus comme résultant d'échanges sociaux et de négociations. Nous devons donc rejeter les équations telles que celle qui relie d'une part l'individu à l'innovation et, d'autre part, le groupe social et la validation, au sens vulgaire (1981, p. 13) (citée par Moscovici et Doise, 1992, pp. 66-67).

Ce serait donc une erreur que de considérer les discussions « à bâtons rompus » entre habitués ou collègues comme étant sans importance, stériles ou rébarbatives. À un moment ou à un autre, elles peuvent faire émerger des idées novatrices ou laisser libre cours à l'imagination. C'est en ce sens que le second élément déclencheur de sérendipité, identifié par Olshannikova *et al.* (2020), est qualifié d'*interactif*. Des interactions sociales quotidiennes, voire banales, peuvent faire que les interlocuteurs s'ouvrent à la nouveauté et se montrent inventifs. Tout ceci de façon plus ou moins insolite.

Le récit suivant est également révélateur de la part prise par le hasard dans l'établissement de contacts plutôt bénéfiques pour cette doctorante indienne :

> Mon département [universitaire] a entrepris un projet international avec une université étrangère. Mon professeur m'a demandé si je pouvais accueillir les invités et veiller à leur confort. Quand je les ai rencontrés pour la première fois j'étais hésitante, mais

> ils étaient plutôt sympathiques. Nous avons discuté de nos recherches respectives et celles-ci correspondaient bien [...]. Plus tard j'ai découvert une bourse de doctorat, mon professeur m'a encouragé à établir une demande. La première étape, la plus cruciale, consistait à identifier un directeur de recherche dans un autre pays. J'avais oublié les deux visiteurs que j'avais accueillis, mais mon professeur s'en est souvenu et m'a incitée à les contacter. J'ai postulé pour cette bourse et l'ai obtenue, maintenant je travaille avec deux professeurs sur mon sujet de doctorat (Olshannikova *et al.*, 2020, p. 10).

Voilà une expérience plutôt fortuite vécue par cette étudiante qui ne s'attendait pas à ce qu'un jour ses contacts initiaux avec des professeurs étrangers aient des conséquences positives pour la suite de son cursus universitaire. L'élément déclencheur est une nouvelle fois interactif mais cette fois-ci il trouve sa source dans des circonstances inhabituelles, d'où le fait qu'il puisse « se produire non seulement dans des lieux familiers mais aussi dans des environnements inconnus » (p. 11). La suite des événements, selon le modèle élaboré par McCay-Peet et Toms (2015), est à chercher dans la connexion et le suivi mis en œuvre par les différents interlocuteurs.

La connexion est ici entendue comme une phase de réflexion où la personne revient sur « l'élément déclencheur et les processus interactifs dans le but de comprendre comment elle peut bénéficier de rencontres sociales fortuites. Un tel sens de la rencontre est fondé sur l'identification d'un terrain d'entente entre des personnes soucieuses de se connaître et d'échanger des informations » (Olshannikova *et al.*, 2020, p. 11). Il faut bien que les interlocuteurs aient des centres d'intérêt communs pour que la rencontre revête une quelconque signification. Sinon que peuvent bien apporter de tels contacts ? Quelle est leur véritable utilité ? S'il y a bien là une condition indispensable, celle-ci n'exclut pas le fait que d'autres paramètres entrent en ligne de compte comme l'exprime cette chercheuse finlandaise :

> J'ai participé à une visioconférence assise derrière un écran de télévision dans une salle de réunion. Les discussions étaient difficiles en raison de mauvaises connexions, mais je me souviens à quel point j'étais enthousiasmée quand quelqu'un a commencé à commenter un livre lié à la conférence. Je venais de le terminer, il a été très important pour ma réflexion [...]. Plus tard, j'ai rencontré cette personne en présentiel et, depuis ce jour, nous nous aidons mutuellement sur les plans personnel et professionnel. Nous travaillons tous deux sur des thèses, et bien qu'ils s'agissent de sujets éloignés, nous sommes intéressés par le même phénomène, mais à partir de points de vue différents. Nous avons mis à profit nos logiques de réflexion et nos parcours distincts au lieu d'avoir seulement partagé des expériences et des pensées similaires (p. 11).

Cette personne résume assez bien la situation qui donne au contact une certaine validité. En l'occurrence, un intérêt intellectuel commun nourrit par des histoires personnelles et des approches différentes. La connexion se donne ainsi à voir comme une affaire à la fois basée sur des critères d'homogénéité et d'hétérogénéité.

Le processus de suivi se traduit ensuite par des interactions sociales mises en œuvre dans le but de mener à bien un projet bien précis. Elles peuvent prendre la forme d'échanges de messages, être envisagées lors de réunions ou encore se manifester par des collaborations plus ou moins poussées. Mais il s'agit d'une démarche qui ne s'impose pas d'emblée comme le signale ce chercheur tchèque :

> Dans tous mes contacts fortuits, il y a deux aspects. Je ne m'attends à rien [pas de suivi] après le premier contact, je suis ensuite surpris qu'il se poursuive d'une manière ou d'une autre. Après, je dois toujours faire des efforts personnels et professionnels pour explorer la connexion afin d'obtenir des résultats à long terme (Olshannikova *et al.*, 2020, p. 11).

Ce type d'efforts semble effectivement être le prix à payer pour que les contacts fortuits aient des prolongements et, surtout, qu'ils permettent aux personnes de mieux se connaître afin d'instaurer un climat de confiance. Une certaine défiance entre les interlocuteurs a déjà été repérée au tout début des échanges et le fait d'interagir fréquemment est de nature à faire évoluer cette situation : « Majoritairement, dans leurs narrations les répondants ont souligné l'importance du processus d'identification mutuelle construit par des interactions répétées lors de réunions ou d'appels téléphoniques […]. Souvent beaucoup d'informations doivent être échangées avant qu'une collaboration bénéfique ne devienne possible » (p. 11). Et c'est précisément à ce niveau que des réserves sont parfois formulées à l'encontre des médias sociaux. Ce britannique Architecte de données s'exprime ainsi sur cette question :

> J'aimerais en savoir plus sur mon réseau, mais pour l'instant c'est très superficiel. Je ne vois qu'une page avec quelques spécialistes et un inventaire de leurs formations et de leurs expériences. Je sais peu de leur personnalité, de leurs souhaits et de leurs attentes, de leurs objectifs et aspirations. En conséquence, j'ai beaucoup de contacts mais peu d'amis ou de personnes que je connais personnellement. Je pense que des réseaux plus rapides et des rencontres en réalité virtuelle nous aideraient à avoir des impressions durables et des relations plus consistantes. Je regrette de ne pouvoir envoyer que des SMS à mes interlocuteurs LinkedIn lors de courts contacts à distance (p. 12).

Parfois même certains vont plus loin sur la question de la connaissance mutuelle entre les partenaires de travail potentiels en souhaitant, carrément, des rencontres en présentiel avant d'initier tout travail collaboratif (Baudrit, 2017 ;

Price, Richardson & Jelfs, 2007). En tout cas, la confiance réciproque se gagne grâce à des efforts fournis par les uns les autres afin de mieux se connaître pour être en mesure de mener à son terme un projet de travail commun. Il s'agit de la phase ultime du mécanisme de la sérendipité sociale qui, dans le modèle conçu par McCay-Peet et Toms (2015), est associée à la *valeur du résultat*.

La valeur du résultat est à mettre en lien avec les conséquences positives que les rencontres fortuites peuvent avoir. De tels effets sont souvent d'ordre professionnel ou concernent des activités de recherche, mais il n'est pas question de les restreindre à ces seuls aspects :

> Les répondants mentionnent également le perfectionnement personnel, l'accès à de nouvelles perspectives ou à des formations supplémentaires, l'amélioration des compétences professionnelles, de nouvelles visions du monde et de meilleurs comportements. Ce large spectre de résultats bénéfiques renforce l'idée selon laquelle la sérendipité est à considérer comme une expérience fructueuse au travers d'une recherche générale d'amélioration de la vie professionnelle (Olshannikova *et al.*, 2020, p. 11).

Mais tous les contacts fortuits ne présentent pas cette caractéristique, tous ne garantissent pas la valeur du résultat comme l'indique le britannique Architecte de données dont il a été déjà question :

> De nombreux contacts fortuits ne mènent à rien de significatif au-delà de simples rencontres personnelles ou professionnelles, mais parfois un contact peut être à l'origine d'un événement important ou d'un changement significatif [...]. Par exemple, une rencontre fortuite dans un couloir de mon immeuble m'a amené à m'impliquer dans l'étude d'un projet de partenariat commercial. De tels événements ne se produisent pas souvent, mais ils arrivent avec une régularité suffisante pour que je sois prêt à échanger avec des gens et à saisir les opportunités qui se présentent (p. 12).

Ce qui transparaît dans cette déclaration, c'est que le hasard des contacts ne suffit pas. Encore faut-il que la personne soit ouverte aux autres, prête à coopérer à des fins professionnelles. En matière de sérendipité sociale, la personnalité de chacun mérite également d'être prise en compte.

Telles sont les quatre phases de la sérendipité sociale telles que distinguées par McCay-Peet et Toms (2015). Olshannikova *et al.* (2020) ont donc repris ce modèle pour voir comment des « travailleurs du savoir » mettent à profit des contacts fortuits, très souvent dus à l'usage de TIC, à des fins professionnelles ou de découvertes. L'élément déclencheur, la connexion, le processus de suivi et la valeur du résultat constituent ainsi l'ensemble des opérations étudiées par les auteurs. Pour eux, le véritable élément déclencheur est à situer dans l'interaction sociale : « Alors que les déclencheurs contextuels créent une situation propice au hasard des contacts, les déclencheurs interactifs jouent un rôle plus important dans les expériences de rencontres fortuites parce qu'elles conduisent aux étapes suivantes » (p. 13). La connexion se présente effectivement comme la suite logique des interactions initiales dans la mesure où il s'agit toujours d'échanger mais, cette fois-ci, il est surtout question d'en savoir plus sur le ou les partenaires de travail potentiels. C'est là que « les gens font état de leurs points communs [par exemple pour instaurer la confiance] ou sont à la recherche de caractéristiques complémentaires [par exemple pour trouver des raisons de collaborer] » (p. 13). Ensuite, le processus de suivi se traduit par un renforcement des liens entre les interlocuteurs, par des échanges d'informations en vue d'usages ultérieurs : « Pour transformer le pur hasard ou la pure chance en sérendipité sociale, les deux acteurs doivent fournir des efforts et manifester de l'engagement lors des phases de connexion et de suivi » (p. 13). En somme, le contact initial, fortuit et plutôt annonciateur de perspectives positives en termes de collaboration, est loin d'être suffisant. En l'absence d'échanges subséquents relatifs aux caractéristiques des interlocuteurs et à leurs compétences respectives, données qui permettent d'instaurer un climat de confiance afin de pouvoir travailler ensemble, il a peu de chances de trouver quelques prolongements. C'est à cette condition que le processus peut se poursuivre et trouver un terme dans « la découverte de connaissances mais aussi au regard d'avantages complémentaires : des contacts bénéfiques avec d'autres personnes » (p. 13). Tels sont les aboutissements auxquels la sérendipité sociale semble conduire, elle est de nature à favoriser des expériences professionnelle et humaine intimement liées. Maintenant la question est de savoir quel est le véritable rôle joué par les TIC dans cette affaire.

Les auteurs de cette étude pointent un paradoxe à ce sujet :

> Des recherches antérieures montrent l'intérêt de développer les TIC pour faciliter les connexions sociales et les contacts fortuits [...]. Mais le rôle mineur pris par la technologie dans notre échantillon incite à examiner les types d'approches informatiques susceptibles de favoriser efficacement la sérendipité sociale (p. 13).

Peu de répondants évoquent en effet cet aspect, ils sont peu nombreux à dire que les TIC jouent un rôle déterminant, très certainement parce qu'ils manifestent une certaine réserve à l'égard des contacts à distance. Selon ces enquêtés, il paraît plus aisé de cerner un nouvel interlocuteur en présentiel que de le faire à distance. Mais de tels propos sont le fait de personnes qui majoritairement ont découvert les TIC au cours de leur vie. Contrairement aux « digital natives » nés avec le numérique (Prensky, 2001) ou encore aux « milléniaux » de la génération Y nés entre 1981 et 1996 (Myers & Sadaghiani, 2010), qui se montrent en général plus ouverts et plus confiants envers les TIC. Pour ces derniers, les technologies numériques pourraient bien révéler quelques avantages en matière de sérendipité sociale, offrir des opportunités de contacts interpersonnels inattendus.

Les TIC ont bien cette caractéristique de faciliter ce genre de contacts, d'établir des liens dans la perspective de collaborations professionnelles, mais quelques conditions paraissent requises en la circonstance. Par exemple le simple fait de passer par les réseaux sociaux révèle, selon les auteurs de l'étude, une démarche insuffisante vu que l'on y trouve

> de simples listes de noms, des photos et des résumés biographiques. Il s'agit de données utiles pour prendre des décisions de faible importance, à risque limité, ou pour rechercher des informations sur une plateforme [...]. Trouver des personnes fiables et crédibles dans le domaine du travail nécessite un contenu et un profilage améliorés ainsi que des techniques de visualisation susceptibles de fournir des recommandations (Olshannikova *et al.*, 2020, p. 14).

Dans cette perspective, les mêmes auteurs préconisent l'usage de graphes sociaux à l'intérieur desquels l'utilisateur peut se positionner en fonction de différences, de similitudes ou de complémentarités par rapport aux partenaires de travail recherchés. Mais que devient le hasard en pareil cas ? Peut-on encore parler de contacts fortuits s'agissant d'être en quête de collaborateurs dont les profils sont plutôt bien définis ou précisés ? La sérendipité sociale n'est-elle pas en quelque sorte dévoyée par ce genre de pratique ? De même, à procéder ainsi ne court-on pas le risque de tomber dans une sorte de biais d'homophilie ? C'est-à-dire à être plus sensible aux profils ressemblants (plus sécurisants et rassurants) qu'aux profils différentiateurs (plus énigmatiques et incertains) ? Ce genre de travers a bien été identifié par McPherson, Smith-Lovin et Cook (2001) et, ce faisant, un aspect paradoxal des réseaux sociaux peut être pointé. Ils sont conçus sur le mode extensif avec un potentiel communicatif considérable et, en même temps, ils sont susceptibles d'être utilisés de façon restrictive par les usagers. Dans ces conditions, il y a de fortes chances pour que « l'emploi intentionnel d'artefacts numériques pour identifier de nouvelles connexions potentielles réduise la part d'imprévu » (Olshannikova *et al.*, 2020, p. 13).

Afin de limiter ou d'éviter ce genre de biais, les auteurs préconisent une approche transitionnelle qui consiste d'abord à « identifier les types de contenu qui conviennent le mieux aux divers contextes d'appariement professionnel pour qu'ensuite les travailleurs du savoir soient en mesure d'interagir dans le cadre d'associations inhabituelles » (Olshannikova *et al.*, 2020, p. 14). Ce qui revient à essayer de mettre en lien une dimension connue (la compétence professionnelle recherchée) et une autre fortuite (la personne inconnue censée lui correspondre). Chacun peut donc créer son propre profil sur la base de compétences et de qualités aisément compréhensibles, données ensuite complétées par

> des informations empruntées sur différentes plateformes et divers médias sociaux. Enrichir l'image de chaque utilisateur peut être important afin d'identifier des opportunités d'imprévu, des qualités personnelles, et des singularités contextuelles (Mayer *et al.*, 2016), attributs qui ne peuvent apparaître dans le contenu généré par les utilisateurs (p. 14).

En somme, les auteurs voient là l'occasion de mettre en correspondance des données très diverses issues d'analyses computationnelles avec des utilisateurs capables de les interpréter en vue d'établir des contacts à des fins professionnelles. Mais, encore une fois, où se situe l'imprévisible dans cette affaire ? Quelle est la place prise par le hasard ? Ne sommes-nous pas encore en présence d'utilisateurs plus ou moins téléguidés par des informations ou des données susceptibles de restreindre la part d'aléa inhérente au processus de sérendipité ?

D'un autre côté, ce genre de processus présente un caractère d'opacité précisément parce qu'il est de l'ordre de l'inattendu, intimement lié au hasard. Ce qui a tendance à déconcerter les chercheurs qui tentent de l'appréhender ou de le traquer, notamment lorsque les utilisateurs se servent d'outils numériques dans le but de conduire des recherches ou de mener des investigations (Kop, 2012a ; Saadatmand & Kumpulainen, 2013). Pour l'instant, et faute de mieux, la plupart des chercheurs s'accordent pour considérer les approches qualitatives comme plus avantageuses que les études quantitatives, parce que « la méthodologie est plus flexible [...], le chercheur peut pointer des phénomènes qu'il n'a pas éprouvés et qui sont encore peu explorés dans son domaine d'expertise » (Konecki, 2019, p. 6). Cet auteur va même plus loin en invitant les chercheurs à prendre quelque liberté par rapport aux méthodes d'investigation classiques par le biais « d'approches non conventionnelles de construction et de résolution de problèmes. La créativité pourrait alors être définie par le degré d'ouverture du chercheur à de nouvelles méthodes de recherche et techniques d'analyse de données » (p. 7). À ce titre, il fait référence au « mode de raisonnement abductif » (Charmaz, 2006 ; Strauss, 1987) issu d'une combinaison entre des modalités inductive et déductive. Le point de départ est inductif, c'est-à-dire source d'inspiration et d'imagination pour le chercheur, il est ensuite alimenté « de façon déductive par la formulation d'hypothèses qui sont toujours fondées à l'appui d'un échantillonnage et d'une analyse de données. C'est un processus réitéré » (p. 19). Olshannikova *et al.* (2020) n'ont pas véritablement adopté ce type d'approche pour étudier la sérendipité sociale telle que les « travailleurs du savoir » la perçoivent et la mettent à profit au quotidien, mais leur panachage méthodologique n'est pas dénué d'intérêt.

Ils ont initié leur investigation sur le mode qualitatif avec des entretiens menés auprès des personnes enquêtées afin de recueillir leurs points de vue sur le phénomène examiné. Les premiers témoignages font bien état de contacts fortuits mais à caractère plutôt incertain, dont il n'est pas attendu de résultats particuliers en termes d'amélioration des pratiques professionnelles ou d'activités de recherche. Comme s'il s'agissait d'un processus en devenir, associé à une sorte d'effet différé. C'est bien après que les répondants évoquent les bénéfices positifs retirés de telles rencontres inopinées. Voilà un premier constat de nature inductive dans la mesure où il amène les chercheurs à se poser la question du comment : comment les travailleurs du savoir prolongent-ils ces premiers contacts ? Par quels mécanismes arrivent-ils à nouer des relations de travail de plus en plus étroites ? Qu'est-ce qui explique cette évolution favorable ? C'est là qu'Olshannikova *et al.* (2020) convoquent le modèle élaboré par McCay-Peet et Toms (2015) qui décomposent le processus en quatre temps : l'élément déclencheur, la connexion, le suivi et la valeur du résultat. Tel est le cadre structurel qui permet aux auteurs d'en savoir plus sur les conditions qui donnent corps à la sérendipité sociale s'agissant, au départ, d'opportunités de contacts perçus comme plutôt fragiles. Ces derniers deviennent effectivement plus consistants à force d'échanges, de partages d'informations ou de données, de mises en confiance réciproques, pour *in fine* permettre des avancées professionnelles ou scientifiques. Tout ce processus est ainsi résumé par les auteurs : « Alors que le hasard et la chance autorisent des contacts imprévus, la sérendipité sociale suppose de surcroît un suivi actif afin d'identifier des résultats potentiellement intéressants et une réelle collaboration active pour les atteindre » (Olshannikova *et al.*, 2020, p. 15). Une méthodologie qualitative permet d'approcher le premier temps du phénomène étudié par le biais d'entretiens dont les analyses suscitent des interrogations et des pistes d'investigation. Ces dernières trouvent ensuite des éléments de réponse dans un examen plus approfondi des mécanismes à l'œuvre à l'appui d'un modèle d'analyse diachronique. Différentes phases caractérisent le resserrement des liens professionnels entre les acteurs concernés. Cette double démarche scientifique donne finalement à voir le phénomène de la sérendipité sociale comme lié au hasard, mais un hasard qui ne saurait suffire pour que les protagonistes en tirent quelques bénéfices. Comme si incertitude et rationalité devaient être associées pour voir le processus arriver à son terme.

En guise de synthèse : des pratiques et des communautés d'enquête diversifiées par l'usage des TIC ?

Deux orientations de la collaboration en ligne se présentent ainsi, plutôt en opposition d'ailleurs. Quand l'une se déroule sur le mode intensif, l'autre prend au contraire un sens extensif. Dans un cas, les interlocuteurs approfondissent leurs connaissances en se livrant à des interactions à caractère constructif, soit essentiellement entre eux, soit en réaction aux interventions d'un agent extérieur au groupe de pairs (par exemple un enseignant) qui, au regard des questions qu'il pose, stimule leur activité réflexive. À condition, toutefois, de ne pas trop s'immiscer dans l'activité groupale sous peine de voir les apprenants s'en tenir à ses attentes et ne pas chercher à en savoir plus. Dans l'autre cas, les personnes mettent à profit les TIC pour développer leur réseau, pour entrer en relation avec des interlocuteurs animés par les mêmes objets d'étude, ce qui peut les amener à faire des découvertes inédites ou à établir des contacts inattendus. D'où la notion de *sérendipité* convoquée à ces occasions. Mais, encore une fois, certaines conditions paraissent requises pour voir évoluer l'investigation collaborative favorablement. Le hasard ne fait pas tout et mieux connaître ses partenaires de travail potentiels semble être de celles-là avant d'engager une véritable activité collective. Les différents outils technologiques utilisés ne sont pas étrangers à ces deux genres d'évolution collaborative.

Les forums de discussion auxquels ont accès les étudiants dans les universités semblent propices à des échanges soutenus vu les effectifs limités des groupes de travail ainsi constitués. Ils sont en général dans la même promotion, ils suivent les mêmes enseignements et sont concernés par des problèmes très proches : compréhension des cours, éclaircissement de certaines notions, accès à la documentation, recherche de références, etc. Pour autant, ces conditions plutôt favorables ne font pas tout comme ont pu le montrer Li *et al.* (2018) à la faveur de leur étude auprès d'étudiants à qui il a été demandé de travailler ensemble suite à des cours de sciences. L'objectif est de les amener à se comporter comme des chercheurs, de les familiariser à la démarche scientifique pour construire des connaissances ou se livrer à des élaborations théoriques. Le groupe suivi par les auteurs s'intéresse à l'effet Coriolis et le niveau d'implication des étudiants dans cette entreprise s'avère déterminant. Trop superficiel, c'est-à-dire lorsqu'ils se contentent de poster des messages et de lire ceux des autres, ils ne progressent pas véritablement. Plus important, c'est-à-dire lorsqu'ils échangent des idées et examinent celles des autres, ils montrent des avancées en termes de connaissances ou de savoirs. La notion de *critique constructive*, empruntée à De Ketele (2007), a été introduite à ce moment-là pour spécifier l'activité analytique opérée par les acteurs sur leurs contributions et propositions respectives. Mais ce qui vient de l'intérieur, en l'occurrence du collectif de pairs, peut également être insufflé de l'extérieur sous une forme bien particulière.

Li et Yu (2020) ont repéré, toujours sur des forums de discussion, des interventions d'enseignants qui se présentent comme des incitations à la discussion. Elles prennent la forme de questions à caractère graduel dont la vocation est de susciter des échanges eux aussi évolutifs chez les étudiants. Ces derniers sont ainsi incités à partager des idées, puis à se livrer à des interactions exploratoires et, enfin, à construire des connaissances. Les interventions des enseignants se veulent indirectes dans la mesure il n'est pas attendu de réponses particulières aux questions qu'ils posent. Elles ont pour seul but de stimuler l'activité réflexive et interactive des étudiants. Celle-ci semble toutefois contrariée lorsque l'enseignant, par ses conseils et instructions, influence plus directement le jeu interactif des pairs (Ishikawa *et al.*, 2020). Il ne les empêche pas véritablement de partager des points de vue ou idées, mais leurs réflexions autour d'éventuelles divergences ou désaccords semblent quelque peu réfrénées, comme s'ils privilégiaient ce que l'enseignant attend d'eux en termes de connaissances et de savoirs. Les activités de découverte et de recherche ne sont donc pas obligatoirement privilégiées lorsque les partenaires de travail interagissent sur le mode intensif. Au demeurant, ils se consacrent plus à l'approfondissement et à la construction des connaissances. Cette tendance paraît s'inverser avec la mise en œuvre d'échanges à caractère extensif.

Les EPA (*Environnements Personnels d'Apprentissages*) sont en général propices à ce genre d'échanges parce qu'ils offrent des opportunités de contacts vers l'extérieur : « Ils permettent d'apprendre en dehors des établissements d'enseignement [...] en offrant plus d'ouverture et de souplesse au processus d'apprentissage grâce au support des technologies du web social » (Roland & Talbot, 2014, pp. 290-291). C'est de la sorte que peuvent circuler et se diffuser à grande échelle les idées et les savoirs, c'est aussi de cette manière que des découvertes inédites peuvent être faites. La notion de *sérendipité* est alors introduite par plusieurs auteurs pour illustrer un tel phénomène (Buchem, 2011 ; Gritton, 2007 ; Kop, 2012b ; Saadatmand & Kumpulainen, 2013). Parallèlement, d'autres auteurs parlent de *sérendipité sociale* pour désigner des interactions sociales non véritablement recherchées, des processus de socialisation inattendus, qui peuvent être à l'origine d'activités collaboratives (McCay-Peet & Toms, 2015 ; Olshannikova *et al.*, 2020 ; Skyrme, 2007). Mais de tels prolongements supposent qu'un climat de confiance soit établi par les interlocuteurs potentiels, qu'ils en sachent plus sur les uns et les autres notamment quant à leurs compétences et connaissances respectives. Tout ceci ne peut se faire que par le biais d'échanges qui, progressivement, les amènent à déterminer et mettre en œuvre un projet de travail commun. Comme si le hasard des contacts initiaux et la nécessité des interactions subséquentes se présentaient comme complémentaires pour mener à bien des investigations collaboratives.

Plus largement, les outils technologiques utilisés inscrivent les participants dans des contextes assez différents. D'un côté, les forums de discussion rattachés à des institutions les situent à l'intérieur de cadres plutôt formels où il est surtout question d'investir des domaines de connaissances bien spécifiques et d'approfondir ces dernières dans le sens des orientations préconisées par la structure de tutelle. De l'autre, les EPA (*Environnements Personnels d'Apprentissages*) font l'objet d'élaborations autonomes de la part des acteurs et en ce sens « ils possèdent des caractéristiques propres qui abolissent les notions d'espace et de temps » (Roland & Talbot, 2014, p. 302). Ce faisant, les interlocuteurs ont tout loisir d'explorer et de découvrir de nouveaux champs d'étude à la faveur de contacts d'ordre informel. Les caractères intensif et extensif de la collaboration à distance se donnent ainsi à voir. Et une des conséquences des TIC est peut-être d'avoir donné une double orientation aux *communautés d'enquête* telles que considérées par Dewey (1916/1990). Sur cette question, il est effectivement possible de suivre Cristol (2017) quant à la distinction faite entre les *communautés de la connaissance* et les *communautés de recherche*. Toutes deux sont fondées sur le principe de *co-élaboration* avec, pour les premières, un « ancrage en profondeur des connaissances prenant en considération ce qui est déjà su par chacun […]. Les idées se construisent par touches et itérations successives, jusqu'à parvenir à une pensée collective plus aboutie » (p. 34), quand les secondes sont animées par la dynamique suivante : « Si chacun réfléchit sur ses objets de recherche, élabore ses théories propres, les productions individuelles font progresser la communauté et enrichissent le répertoire commun d'idées, de questions et de pistes à explorer » (p. 34). Les approches *expérienciée* et *expérientielle* sont ici reconnaissables (Baudrit, 1997) avec des partenaires de travail qui, d'un côté, interagissent en mettant à profit une expérience acquise sur la base de connaissances initiales et, de l'autre, font état d'une expérience en cours d'acquisition animée par une démarche de découverte. La *pratique d'enquête* chère à Dewey (1938) pourrait bien, elle aussi, trouver quelques occasions de diversification au travers des usages qui sont faits des TIC par les acteurs concernés.

Discussion finale

Quelles que soient les orientations prises par la *pratique d'enquête* suite aux analyses menées par Dewey (1938), un principe demeure et paraît même être renforcé par l'usage des TIC : l'autonomie. Cette dernière est effectivement au cœur du fonctionnement des EPA dont une des particularités majeures est de « posséder des applications qui facilitent les apprentissages de leurs utilisateurs. Les EPA sont ainsi sous le contrôle des utilisateurs en termes d'emploi et de personnalisation » (van Harmelen, 2008, cité par Roland & Talbot, 2014, p. 291). Voilà une posture caractéristique d'une « écologie numérique individuelle » (Pène, 2017, p. 260) au sens où elle montre une « capacité de l'individu à définir et organiser son propre environnement au lieu de se subordonner aux usages prescrits, par l'outil ou l'institution » (Baltazart & Chagnoux, 2017, p. 61). Dans cette affaire, la marge de manœuvre des acteurs est effectivement importante en matière de choix et d'utilisation des outils et ressources numériques avec, de surcroît, des conditions plutôt propices à la réflexion personnelle et au travail individuel. Hors institution, la dimension *autonomie* se trouve effectivement renforcée s'agissant de personnes « qui ont la possibilité de prendre plus de contrôle sur leurs apprentissages (Holec, 1981 ; Benson, 2011) » (Zhong, 2021, p. 80). L'« autonomie de la conscience » (Piaget, 1932/1992) n'est-elle pas valorisée en pareille circonstance ? De même, ne retrouve-t-on pas quelques idées phares développées par Dewey quand il préconisait, pour les élèves, une prise de distance par rapport aux contenus scolaires jugés trop adulto-centrés (Bertrand & Valois, 1994) ? L'autonomie individuelle est ainsi mise en exergue et l'usage des outils numériques paraît bien accentuer le caractère informel des apprentissages. Mais cette forme d'autonomie présente quelques limites dont celle, notamment, qui consiste à dire qu'elle « a fait l'objet de nombreuses critiques en raison d'un manque de considération de la dimension sociale des apprentissages (Little, 2007 ; Toohey, 2007 ; Benson, 2011, 2013) » (Zhong, 2021, p. 80). Alors que devient-elle associée à cette dernière dimension ? Peut-on encore parler d'autonomie individuelle lorsque la composante sociale est introduite ?

La référence à Dewey (1916/1990) s'impose encore lorsqu'il voit dans la « communauté d'enquête » (*community of inquiry*) une modalité collective où plusieurs personnes tentent d'élucider une situation à caractère problématique. C'est l'occasion pour elles d'acquérir des connaissances ou d'accéder à de nouveaux savoirs. À condition cependant qu'elles bénéficient, encore une fois, d'une certaine autonomie « afin qu'elles aient l'opportunité de se responsabiliser pour développer leurs apprentissages » (Zhong, 2021, p. 88). La notion d'*autonomie groupale* est ainsi introduite par cette auteure pour signifier l'espace dont « les apprenants ont besoin pour exercer leur libre arbitre concernant les approches adoptées pour rechercher, partager l'information et les sources choisies pour mener à bien l'enquête collective » (p. 88). Et une façon d'y parvenir consiste à « fournir une plate-forme aux étudiants afin qu'ils puissent exercer un contrôle sur leurs apprentissages en menant une enquête collaborative en dehors de la classe » (p. 82). Si les TIC paraissent propices au renforcement de l'*autonomie individuelle*, elles pourraient bien avoir le même effet sur l'*autonomie groupale*. Mais comment se manifeste cette dernière ? Qu'est-ce qui la caractérise en termes d'échanges entre les participants ?

Dewey et Bentley (1949) parlaient bien de *transaction* pour évoquer le jeu interactif de personnes amenées à aborder de façon collective une question inédite ou un problème inconnu. Elles n'ont pas obligatoirement le même point de vue sur la question ou le problème, elles n'ont pas toujours les mêmes idées quant aux méthodes à adopter pour avancer dans leur compréhension, dans la recherche de solutions. La *transaction* trouve sa raison d'être à ces moments-là en tant que moyen pour parvenir à un accord ou aboutir à un consensus. C'est donc grâce à leurs échanges que les partenaires de travail peuvent mettre en œuvre une activité collective vouée au succès, c'est-à-dire susceptible de les faire progresser en termes de connaissances ou de savoirs. Mais quel type de lien les unit lorsque *transaction* il y a ? Certes ils sont animés par la même cause mais sont-ils dépendants les uns des autres en pareil cas ? Zhong (2021) arrive à cette conclusion après avoir analysé les interactions asynchrones manifestés par des étudiants confrontés à l'apprentissage d'une seconde langue. Suite aux cours dispensés à l'université, ils échangent par le biais d'un forum de discussion et apparemment ils se montrent interdépendants, étroitement liés les uns aux autres lors de leurs investigations.

Les groupes sont ici constitués sur le mode des *communautés d'enquête* (Garrison *et al.*, 1999), avec l'idée que

> les connexions en ligne entre les participants permettent à la communauté de se développer, ce qui est de nature à montrer que l'AOD (Asynchronous Online Discussion) peut être un outil prometteur pour favoriser l'aspect social de l'autonomie lors de l'apprentissage des langues (Zhong, 2021, p. 81).

Effectivement, l'auteure fait bien état d'autonomies groupales en général patiemment construites par les interlocuteurs. Mais alors que devient leur autonomie individuelle dans un tel cas de figure ? Ils gagnent bien en indépendance de façon collective mais n'est-ce pas aux dépens de leur autonomie individuelle ? L'indépendance acquise par rapport à l'extérieur serait-elle la conséquence de l'interdépendance constituée à l'intérieur du groupe ? Comme si le fait de travailler étroitement ensemble leur garantissait une autonomie collective. Trois raisons portent à croire qu'il n'en est pas véritablement ainsi.

D'abord, le principe d'*interdépendance* correspond plus à l'apprentissage coopératif qu'à l'apprentissage collaboratif (Baudrit, 2007b). Dans le premier cas, il est surtout question d'associer les connaissances ou savoirs des différents interlocuteurs pour trouver une solution à un problème quand, dans le second, il s'agit principalement d'échanger et d'interagir à des fins d'exploration ou de découverte. Ce faisant, la structuration interactive propre à l'apprentissage coopératif se présente plutôt comme un obstacle à l'autonomie individuelle. Des relations de dépendance entre les participants paraissent nécessaires pour faire que les apports respectifs des partenaires de travail prennent un caractère complémentaire, puissent s'imbriquer les uns dans les autres tel un puzzle. Les échanges au sein des groupes collaboratifs supposent au contraire une certaine ouverture, le recueil d'un large spectre d'idées et de points de vue pour essayer d'appréhender une situation ou une question inédite. D'où la notion d'*hétérogénéité* consubstantielle à l'apprentissage collaboratif (Baudrit, 2007a, 2018a ; Dillenbourg, 1999) dont il est difficile de dire qu'elle contrarie l'autonomie individuelle à partir du moment où il est plutôt souhaitable que chacun dispose d'une certaine liberté d'expression, soit en mesure de dire ce qu'il pense de la situation ou de la question à explorer. Ouvrir un espace d'expression aux participants peut leur donner l'occasion d'enrichir leur potentiel d'investigation. Ensuite, lorsque les interactions se font à distance, les *environnements personnels d'apprentissage* paraissent eux aussi favoriser l'autonomie individuelle des interlocuteurs étant gérés et sous le contrôle de chacun d'eux, ils leur permettent notamment « d'apprendre en dehors des établissements scolaires » (Roland & Talbot, 2014, pp. 290-291). Enfin, la *transaction* a bien pour but d'amener les partenaires de travail à trouver un accord à partir de divergences ou de dissensions initiales. N'est-ce pas le signe que les autonomies individuelles sont à l'œuvre ? Qu'elles permettent aux participants d'exprimer librement leurs idées ou positions ? Que diversité et pluralité des points de vue alimentent bien l'activité groupale ? En somme, l'autonomie collective créée par les participants ne semble pas entraver leurs autonomies individuelles respectives lorsque ceux-ci se livrent à des investigations collaboratives. Elle semble au contraire trouver là ce qui de nature à dynamiser les échanges et les débats entre eux.

C'est dans les origines de l'investigation collaborative qu'il y a lieu d'aller chercher les éléments explicatifs à ce genre de fonctionnements collectifs et individuels. Un héritage historique d'abord, avec la *pratique d'enquête* et les *communautés d'enquête* telles qu'étudiées par Dewey (1916/1990, 1938), des références plus récentes ensuite avec l'*apprentissage collaboratif* (Baudrit, 2007a ; Dillenbourg, 1999) dont une des sources est à trouver chez le même Dewey. La part belle est faite à l'autonomie des apprenants mais est-ce pour autant de nature à écarter l'école ou le système éducatif de cette affaire ? À faire que les enseignants soient amenés à jouer un rôle mineur ?

Pour Dewey (1916/1990), la classe est avant tout un *lieu de vie* et un endroit, comme le rappelle Pène (2017), où « apprendre implique un cadre, qui se nommera un lieu d'expérience, dans la grande tradition pragmatique ouverte par Dewey » (p. 258). Si l'environnement scolaire n'est pas remis en question, il peut toutefois être reconsidéré au regard de l'autonomie dont disposent les élèves ou les étudiants. Une autonomie qui leur permet, par exemple avec la méthode GI (*Group Investigation*), de choisir leurs thèmes d'étude et de s'organiser collectivement pour les travailler (Sharan & Hertz-Lazarowitz, 1980 ; Sharan & Sharan, 1992). En ce sens, l'école se présente bien comme un lieu d'expérience, mais est-ce suffisant dans une perspective d'apprentissage ? À des fins d'acquisition de connaissances ou de savoirs ? Faire de l'école un lieu d'observation et d'expérimentation présente le mérite de familiariser les élèves à l'usage de méthodes d'investigation, de les voir adopter des postures scientifiques avec, toutefois, quelques incertitudes sur les retombées de tels comportements en termes d'apprentissage. Ce travers est pointé par Perron, Hasni et Boilevin (2020) qui voient dans le « processus de la preuve » un moyen de validation des savoirs convoqués ou avancés par les apprenants. Fournir la preuve de leur bien-fondé paraît être la condition requise pour que ces derniers soient en mesure de se forger des connaissances ou des savoirs avérés. Parfois, l'autonomie propre à l'IC pourrait bien se présenter comme une condition nécessaire mais non suffisante pour que les interlocuteurs tirent un réel parti de leurs échanges et interactions. Dans ce cas, c'est du côté des enseignants qu'il est attendu des interventions susceptibles de les accompagner dans leur démarche d'apprentissage.

La notion de *présence enseignante*, introduite par Garrison *et al.* (1999), peut alors être utile pour préciser quel rôle ils peuvent jouer ou quelle posture pédagogique ils sont susceptibles d'adopter en contexte collaboratif surtout lorsque les élèves ou les étudiants échangent à distance. L'étude réalisée par Rodoven et Kristl (2020) porte précisément sur cette question dans la mesure où les auteurs se sont intéressés aux interventions des enseignants auprès de communautés d'enquête mises en œuvre dans l'enseignement supérieur slovène. De façon classique, les étudiants sont amenés à interagir via des forums de discussion dans le cadre de programmes organisés sous forme de cours en ligne de type MOOC. Il importait aux auteurs de savoir comment les enseignants suivent et accompagnent les échanges réalisés dans cette configuration. Et leur conclusion est ainsi formulée : « Les étudiants doivent se voir offrir un environnement d'apprentissage structuré et une exploration [guidée], processus propice à un apprentissage collaboratif et aux interactions entre les personnes impliquées » (p. 20). En cela, les auteurs rejoignent Cho et Tobias (2016) quant à l'intérêt qu'il y a à encourager « une étroite collaboration entre l'enseignant et les étudiants en termes d'apprentissage et afin d'accroître le degré de satisfaction des étudiants envers les cours » (Rodoven & Kristl, 2020, p. 14). Autrement dit, la *présence enseignante* n'est pas incompatible avec le processus collaboratif, elle pourrait même le faciliter. Mais alors comment concilier autonomie des apprenants et intervention des enseignants ? Comment faire pour que la seconde n'entrave pas la première ? Pour laisser au jeu collaboratif suffisamment de latitude ?

Une réponse à ces interrogations peut être à trouver chez Vygotski (1930/1985) qui voyait le processus d'enseignement/apprentissage régulé de la façon suivante par l'enseignant : « Tout en donnant l'orientation du développement, il ne doit pas le déterminer machinalement, mais laisser un espace de liberté » (Schneuwly, 1994, p. 287). L'*exploration guidée*, dont parlent Rodoven et Kristl (2020), pourrait bien avoir partie liée avec ce genre d'approche qui, finalement, repose sur la conjugaison de deux composantes. La composante *exploration* dans laquelle il y a lieu de voir l'espace de liberté dont disposent les apprenants pour collaborer, la composante *guidage* caractéristique de l'action des enseignants à même de donner des orientations aux interactions développées par les partenaires de travail. Il s'agit notamment de dynamiser et d'assurer un suivi de ces dernières à des fins d'apprentissage (Rodoven & Kristl, 2020), ce qui amène les auteurs à parler d'« efforts conjoints des enseignants et des étudiants » (p. 20) pour désigner le double jeu collaboratif à l'œuvre. Une illustration d'un tel processus a déjà été identifiée au niveau de l'étude conduite par Li et Yu (2020) où les questions des enseignants, au regard de leur caractère ouvert, exploratoire ou réflexif, se présentent comme des incitations à l'activité collaborative d'étudiants amenés à interagir sur un forum de discussion. Une configuration différente a par ailleurs été repérée lorsque les enseignants interviennent fréquemment et plus directement avec, pour conséquence, une autonomie moindre laissée aux apprenants et le risque de les voir se conformer à leurs attentes (Ishikawa *et al.*, 2020). La dimension *guidage* prend alors le pas sur la dimension *exploration* au détriment de l'activité de découverte collective caractéristique de l'IC.

La *présence enseignante* ne saurait donc être dissociée de l'activité collaborative menée par les apprenants à condition, toutefois, qu'elle ne contrarie pas le travail exploratoire envisagé à des fins de construction de connaissances ou de découverte. Chen, Shui et Håklev (2020) arrivent eux aussi à cette conclusion après avoir observé et analysé les échanges entre étudiants et les interventions des enseignants lors de séminaires d'études supérieures entièrement organisés en ligne. À cette occasion, ils mettent notamment en évidence le rôle des seconds qui, en tant que spécialistes des domaines étudiés, sont en mesure de « répondre à des questions, suggérer des ressources supplémentaires ou faire le lien entre les réflexions actuelles et les réflexions antérieures pour favoriser la collaboration » (p. 1251). De la sorte, comme l'indiquent les auteurs, l'enquête conserve une « forme ouverte » et en même temps les étudiants bénéficient de soutiens fiables pour mener à bien leurs investigations. D'un côté ils sont toujours capables d'« opérer des choix pour définir les buts à atteindre et les méthodes pour y parvenir » (Cosnefroy & Lefeuvre, 2018, p. 79), de l'autre ils peuvent être aidés en cela par des personnes-ressources expérimentées et animées par l'idée du cheminement où il est question de « se joindre à quelqu'un / pour aller où il va / en même temps que lui » (Paul, 2007, p. 126). Il y a là une posture pédagogique qui consiste non pas à devancer ou anticiper, à suivre ou assister, mais à accompagner les apprenants dans le processus de découverte.

Qu'il s'agisse d'« exploration guidée » ou d'« investigation accompagnée », la démarche préconisée s'inscrit toujours dans la ligne tracée par Dewey (1910, 1933) qui voyait dans la *pratique d'enquête* le moyen d'amener les élèves à se comporter comme des chercheurs, de développer une *pensée réfléchie*. Tout ceci au sein d'un collectif qu'il nommera « communauté d'enquête » (Dewey, 1916/1990) composé d'interlocuteurs animés par une même question ou mobilisés autour d'une même situation problématique. De la sorte également, il est moins question de répondre à des attentes purement institutionnelles que d'être confrontés à des problèmes concrets qui font sens parce qu'issus de débats libres entre les personnes concernées. C'est ainsi que sont incités à interagir des partenaires de travail assimilables à des « apprenants-chercheurs » s'agissant, pour eux, de s'approprier des connaissances ou des savoirs par le biais de méthodes ou de procédés propres au monde de la recherche. Au nombre de ces derniers, Dewey (1938) préconisait notamment des remises en chantier successives du travail d'enquête à des fins de vérification, afin de mettre de nouveau à l'épreuve les conclusions issues des investigations précédentes. Ce sont des procédures que l'on retrouve bien dans le cadre de l'*apprentissage collaboratif* (Baker *et al.*, 1999 ; Clark & Brennan, 1991), elles exigent toujours de la part des personnes concernées des interactions et des échanges soutenus (Baudrit,

2007a, 2009 ; Dillenbourg, 1999). Mais la nouvelle donne tient au fait que les TIC offrent maintenant des opportunités et des occurrences interactives supplémentaires notamment lorsque les acteurs sont éloignés les uns des autres. Voilà une évolution qu'il est possible de situer dans un mouvement qualifié de *continuum ubiquitaire de l'apprentissage* par Pène (2017, p. 262). Il trouve effectivement sa raison d'être dans le fait que les outils numériques sont de nature à amplifier et enrichir le potentiel interactif dont disposent les acteurs pour échanger et communiquer à des fins de découverte collective. N'est-il pas possible de parler de « modalités collaboratives augmentées » pour décrire l'évolution que les *communautés d'enquête* (Dewey, 1916/1990) connaissent depuis quelques décennies ? L'*investigation collaborative* pourrait être ce qui les caractérise actuellement en termes de processus de recherche à l'appui des TIC propres à notre temps.

Bibliographie

Ajayi, L. (2009). An exploration of pre-service teachers' perceptions of learning to teach while using asynchronous discussion board. *Journal of Educational Technology, 12*(2), 86-100.

Audran, J. & Simonian, S. (2009). Étudier les communautés d'apprenants en ligne : quel(s) agencements(s) des méthodes de recherche ? *Éducation & Formation, e-290*, 7-18.

Azmitia, M. (1988). Peer interaction and problem solving: When are two heads better than one? *Child Development, 59*, 87-96.

Baker, M. J., Hansen, T., Joiner, R. & Traum, D. (1999). The role of grounding in collaborative learning. In P. Dillenbourg (Ed.), *Collaborative learning: Cognitive and computational approaches* (pp. 31-63). Pergamon.

Baltazart, D. & Chagnoux, M. (2017). Écologie numérique des enseignants-chercheurs : entre habitus pédagogique et bricolage personnel. In L. Massou & N. Lavielle-Gutnik (Eds.), *Enseigner à l'université avec le numérique* (pp. 43-64). De Boeck Supérieur.

Bandura, A. (1980). *L'apprentissage social.* Mardaga.

Barnier, G. (1994). *L'effet-tuteur dans une tâche spatiale chez des enfants d'âge scolaire* (Thèse de Doctorat de Psychologie). Université de Provence.

Baudrit, A. (1997). *Apprendre à deux. Études psychosociales de situations dyadiques.* Presses Universitaires de France.

Baudrit, A. (2002). *Le tutorat. Richesses d'une méthode pédagogique.* De Boeck Supérieur.

Baudrit, A. (2005). *L'apprentissage coopératif : origines et évolutions d'une méthode pédagogique.* De Boeck Supérieur.

Baudrit, A. (2007a). *L'apprentissage collaboratif : plus qu'une méthode collective ?* De Boeck Supérieur.

Baudrit, A. (2007b). Apprentissage coopératif / Apprentissage collaboratif : d'un comparatisme conventionnel à un comparatisme critique. *Les Sciences de l'éducation – Pour l'Ère nouvelle, 40*(1), 115-136.

Baudrit, A. (2009). Apprentissage collaboratif : des conceptions très éloignées des deux côtés de l'Atlantique ? *Carrefours de l'éducation, 27*, 103-116.

Baudrit, A. (2013). L'apprentissage coopératif : un modèle psychosocial sous-jacent à ce genre d'activité collective ? *Spiral-E – Revue de Recherches en Éducation*, Supplément électronique au n° *51*, 71-79.

Baudrit, A. (2016). Coopération et collaboration au sein des équipes pédagogiques : de possibles formes de gouvernance ? In J. Vannereau (Ed.), *Les processus informels dans les groupes. Année de la recherche en sciences de l'éducation 2016* (pp. 133-143). L'Harmattan.

Baudrit, A. (2017). Distance sociale et glissements de rôles dans le tutorat à distance. *Carrefours de l'éducation, 44*, 228-252.

Baudrit, A. (2018a). L'apprentissage collaboratif en présentiel et à distance : deux modalités seulement différentiables ? *Éducation Comparée, 20*, 243-269.

Baudrit, A. (2018b). *Éducation et formation dans les sociétés contemporaines. Le don/contre-don toujours d'actualité ?* Presses Universitaires de la Méditerranée.

Baudrit, A. (2020). Les communautés d'apprentissage : des formations reconfigurées par l'usage des TIC ? *Psychologie & Éducation, 1*, 67-80.

Bearison, D. J., Magzamen, S. & Filardo, E. K. (1986). Socio-cognitive conflict and cognitive growth in young children. *Merrill-Palmer Quaterly, 32*, 51-72.

Bell, R. L., Smetana, L. & Binns, I. (2005). Simplifying inquiry instruction. *The Science Teacher, 72*(7), 30-33.

Benson, P. (2011). What's new in autonomy? *The Language Teacher, 35*(4), 15-16. doi:10.37546/JALTTLT35.4-4

Benson, P. (2013). *Teaching and researching: Autonomy in language learning* (2nd edition). Routledge. doi:10.4324/9781315833767

Bertrand, Y. & Valois, P. (1994). John Dewey. In J. Houssaye (Ed.), *Quinze pédagogues. Leur influence aujourd'hui* (pp. 124-134). Armand Colin.

Blau, I. & Shamir-Inbal, T. (2017). Re-designed flipped learning model in an academic course: The role of co-creation and co-regulation. *Computers & Education, 115*, 69-81.

Blau, I., Shamir-Inbal, T. & Avdiel, O. (2020). How does the pedagogical design of a technology-enhanced collaborative academic course promote digital literacies, self-regulation, and perceived learning of students? *The Internet and Higher Education, 45*. Repéré à https://doi.org/10.1016/j.iheduc.2019.100722

Bonafini, F. C., Chae, C., Park, E. & Jablokow, K. W. (2017). How much does student engagement with videos and forums in a MOOC affect their achievement? *Online Learning, 21*(4), 223-240.

Bonfils, P. & Peraya, D. (2011). Environnements de travail personnels ou institutionnels ? Les choix d'étudiants en ingénierie multimédia à Toulon. In L. Vieira, C. Lishou & N. Akam (Eds.), *Le numérique au cœur des partenariats : enjeux et usages des technologies de l'information et de la communication* (pp. 13-28). Presses Universitaires de Dakar.

Bonfils, P. & Peraya, D. (2016). Processus décisionnels au sein de groupes d'étudiants en contexte de projet pédagogique : le cas d'étudiants à l'UFR Ingémédia de l'Université de Toulon. *Communication & Organisation, 49*, 57-71. Repéré à http://archive-ouverte.unige.ch/unige:90963

Bozkaya, M. & Erdem Aydin, I. (2007). The relationship between teacher immediacy behavior and learners' perceptions of social presence and satisfaction in open and distance education: The case of Anadolu University Open Education Faculty. *The Turkish Online Journal of Educational Technology, 6*(4), 73-79.

Brossard, M. & Fijalkow, J. (1998). Préface. In M. Brossard & J. Fijalkow (Eds.), *Apprendre à l'école : perspectives piagétiennes et vygotskiennes* (pp. 19-26). Presses Universitaires de Bordeaux.

Brousseau, G. (1980). L'échec et le contrat. *Recherches, 41*, 177-182.

Bruffee, K. A. (1995). Sharing our toys: Cooperative versus collaborative learning. *Change, 27*(1), 12-18.

Buchem, I. (2011). Serendipitous learning: Recognizing and fostering the potential of microblogging. *Form@re – Open journal per la formazione in rete, 11*(74), 7-16. doi:10.13128/formare-12559

Bybee, R., Taylor, J. A., Gardner, A., van Scotter, P., Carlson, J., Westbrook, A. & Landes, N. (2006). *The BSCS 5E instructional model: Origins and effectiveness.* A report prepared for the Office of Science Education. Colorado Springs – BSCS/National Institutes of Health.

Chalak, H. (2012). Problématisation et construction de textes de savoirs dans le domaine du magmatisme au collège. *Recherches en didactique des sciences et des technologies, 6*, 119-160.

Charmaz, K (2006). *Constructing grounded theory. A practical guide through qualitative analysis.* Sage Publications.

Chen, B. & Hong, H.-Y. (2016). Schools as knowledge-building organizations: Thirty years of design research. *Educational Psychologist, 51*(2), 266-288.

Chen, B., Shui, H. & Håklev, S. (2020). Designing orchestration support for collaboration and knowledge flows in a knowledge community. *Proceedings of the International Conference of the Learning Sciences (ICLS)* (pp. 1245-1252). Nashville.

Cho, M.-H. & Tobias, S. (2016). Should instructors require discussion in online courses? Effects of online discussion on community of inquiry, learner time, satisfaction, and achievement. *The International Review of Research in Open and Distributed Learning, 17*(2), 123-140.

Clark, H. H. & Brennan, S. E. (1991). Grounding in communication. In L. Resnick, J. Levine & S. Teasley (Eds.), *Perspectives on socially shared cognition* (pp. 127-149). American Psychological Association.

Cole, M. (1985). The zone of proximal development: Where culture and cognition create each other. In J. V. Wertsch (Ed.), *Culture, communication and cognition: Vygotskian perspectives* (pp. 146-161). Cambridge University Press.

Collins, K., Groff, S., Mathena, C. & Kupczynski, L. (2019). Asynchronous video and the development of instructor social presence and student engagement. *Turkish Online Journal of Distance Education, 20*(1), 53-70.

Conole, G. (2010). *Theory and methodology in networked learning.* Positional paper for the networked learning hotseat debate. The Open University (UK).

Cosnefroy, L. & Lefeuvre, S. (2018). Du travail de groupe à l'apprentissage collaboratif. Analyse de l'expérience d'étudiants en école de management. *Revue Française de Pédagogie, 202*, 77-88.

Crick, F. (1988). *What mad pursuit: A personal view of scientific discovery.* Basic Books.

Cristol, D. (2017). Les communautés d'apprentissage : apprendre ensemble. *Savoirs, 43*, 10-55. doi:10.3917/savo.043.0009

Daiute, C. (1989). Play as thought: Thinking strategies of young writers. *Harvard Educational Review, 59*(1), 1-23.

Damon, W. (1984). Peer education: The untapped potential. *Journal of Applied Developmental Psychology, 5*, 331-343.

Damon, W. & Phelps, E. (1987). *Peer collaboration as a context for cognitive growth*. Paper presented at the Tel Aviv University School of Education.

Damon, W. & Phelps, E. (1989a). Strategic uses of peer learning in children's education. In T. J. Berndt & G. W. Ladd (Eds.), *Peer relationships in child development* (pp. 135-157). John Wiley & Sons.

Damon, W. & Phelps, E. (1989b). Critical distinctions among three approaches to peer education. *International Journal of Educational Research, 58*(2), 119-149.

Darabi, A., Arrastia, M. C., Nelson, D. W., Cornille, T. & Lian, X. (2011). Cognitive presence in asynchronous online learning: A comparison of four discussion strategies. *Journal of Computer Assisted Learning, 27*(3), 216-227.

Davenport, T. H. (2005). *Thinking for a living: How to get better performances and results from knowledge workers?* Harvard Business Press.

de Jong, T. (2006). Computer simulations – Technological advances in inquiry learning. *Science, 312*, 532-533. doi: 10.1126/science.1127750

de Jong, T. & van Joolingen, W. R. (2008). Model-facilitated learning. In J. M. Spector, M. D. Merrill, J. van Merriënboer & M. P. Driscoll (Eds.), *Handbook of research on educational communications and technology* (3rd edition) (pp. 457-468). Lawrence Erlbaum.

De Ketele, J.-M. (2007). Préface. In M. Vial & N. Caparros-Mencacci (Eds.), *L'accompagnement professionnel ? Méthode à l'usage des praticiens exerçant une fonction éducative* (pp. 5-8). De Boeck Supérieur.

Deng, L. & Yuen, A. H. K. (2010). Exploring the role of academic blogs in a blended community: An integrative approach. *Research and Practice in Technology Enhanced Learning, 5*(2), 53-71. Repéré à http://dx.doi.org/10.1142/S1793206810000840

Dewey, J. (1902/2001). *The school and society & The child and the curriculum*. Dover Publications.

Dewey, J. (1910). *How we think*. D. C. Heath & Co. Publishers.

Dewey, J. (1916/1990). *Démocratie et Éducation*. Armand Colin.

Dewey, J. (1920/2014). *Reconstruction en philosophie*. Gallimard.

Dewey, J. (1927). *The school and society*. The University of Chicago Press.

Dewey, J. (1933). *How we think. A restatement of the relation of reflective thinking to the educative process*. D. C. Heath & Co Publishers.

Dewey, J. (1938). *Logic. The theory of inquiry*. Henry Holt and Company.

Dewey, J. (1939). *Democracy and Education: An introduction to the philosophy of education*. The Macmillan Company.

Dewey, J. & Bentley, A. F. (1949). *Knowing and the known*. Beacon Press.

Dieumegard, G., Clouaire, P. & Leblanc S. (2006). L'organisation de l'activité d'étude en e-formation. La difficile synchronisation des acteurs. *Distances & Savoirs*, *4*(2), 201-222.

Dillenbourg, P. (1999). What do you mean by « collaborative learning »? In P. Dillenbourg (Ed.), *Collaborative learning: Cognitive and computational approaches* (pp. 1-19). Pergamon.

Dillenbourg, P. (2011). Pour une conception intégrée du tutorat de groupe. In C. Depover, B. De Lièvre, D. Peraya, J.-J. Quintin & A. Jaillet (Eds.), *Le tutorat en formation à distance* (pp. 171-194). De Boeck Supérieur.

Dillenbourg, J., Poirier, C. & Carles, L. (2003). Communautés virtuelles d'apprentissage : e-jargon ou nouveau paradigme. In A. Taurisson & A. Sentini (Eds.), *Pédagogies.Net. L'essor des communautés virtuelles d'apprentissage* (pp. 11-47). Presses de l'Université du Québec.

Doise, W. & Mugny, G. (1981). *Le développement social de l'intelligence*. Interéditions.

Doise, W. & Palmonari, A. (1984). *Social interaction in individual development*. Cambridge University Press.

Fabre, M. (1999). *Situations-problèmes et savoir scolaire*. Presses Universitaires de France.

Fabre, M. (2006). Qu'est-ce que la problématisation ? L'apport de John Dewey. In M. Fabre & E. Vellas (Eds.), *Situations de formation et problématisation* (pp. 17-30). De Boeck Supérieur.

Fabre, M. (2008). De la culture du résultat à l'expérience formatrice : la pratique et le pragmatisme. *Recherches en éducation*, *5*, 9-20.

Fabre, M. (2009). Qu'est-ce que problématiser ? Genèses d'un paradigme. *Recherches en éducation*, *6*, 22-32.

Fabre, M. (2017). *Qu'est-ce que problématiser ?* Vrin.

Fahy, P. J., Crawford, G. & Aely, M. (2001). Patterns of interaction in a computer conference transcript. *International Review of Research in Open and Distance Learning*, *2*(1). Repéré à http://www.irrodl.org/content/v2.1/fahy.html

Festinger, L. (1957). *A cognitive dissonance theory*. Stanford University Press.

Forman, E. A. (1987). Learning through peer interaction: A Vygotskian perspective. *The Genetic Epistemologist*, *15*, 6-15.

Forman, E. A. & Cazden, C. B. (1985). Exploring vygotskian perspectives in education: The cognitive value of peer interaction. In J. Wertsch (Ed.), *Culture, communication and cognition* (pp. 323-347). Cambridge University Press.

Foucart, J. (2013). Pragmatisme et transaction. La perspective de John Dewey. *Pensée Plurielle*, *2*(33-34), 73-84.

Frenkel, S., Korczynski, M., Donoghue, L. & Shire, K. (1995). Reconstituting work: Trends towards knowledge work and info-normative control. *Work, Employment & Society*, *9*(4), 773-796.

Garrison, D. R. & Cleveland-Innes, M. (2005). Facilitating cognitive presence in online learning: Interaction is not enough. *The American Journal of Distance Education, 19*(3), 133-148.

Garrison, D. R., Anderson, T. & Archer, W. (1999). Critical inquiry in a text-based environment: Computer conferencing in higher education. *The Internet and Higher Education, 2*(2/3), 87-105.

Greenhow, C. & Lewin, C. (2016). Social media and education: Reconceptualizing the boundaries of formal and informal learning. *Learning, Media and Technology, 41*(1), 6-30.

Gritton, J. (2007). *Of serendipity, free association and aimless browsing: Do they lead to serendipitous learning?* University of Edinburgh e-prints. Repéré à http://www.education.ed.ac.uk/elearning/gallery/gritton_serendipitous_learning/

Guichard, D. (2003). *Approche de l'effet-tuteur dans des tâches de lecture et de résolution de problèmes* (Thèse de Doctorat en Sciences de l'Éducation). Université Victor Segalen Bordeaux 2.

Henrikson, R. (2019). Using online lectures to promote engagement: Recognising the self-directed learner as critical for practical inquiry. *Journal of Open, Flexible and Distance Learning, 23*(1), 17-32.

Holec, H. (1981). *Autonomy and foreign language learning.* Pergamon Press.

Hong, H.-Y. & Sullivan, F. R. (2009). Towards an idea-centered, principle-based design approach to support learning as knowledge creation. *Educational Technology Research & Development, 57*(5), 613-627.

Hooper, S. & Hannafin, M. J. (1991). The effects of group composition on achievement, interaction, and learning efficiency during computer-based cooperative instruction. *Educational Technology Research & Development, 39*(3), 27-40.

Ishikawa, I., Tsubota, Y., Umemoto, T., Murakami, M., Kondo, M., Suto, A. & Nishiyama, K. (2020). Building student interactions without the classroom: Utilizing a web-based application in a university flipped learning course for EFL learners. In P. Zaphiris & A. Ioannou (Eds.), *Learning and collaboration technologies. Designing, developing and deploying learning experiences* (pp. 326-338). Springer International Publishing.

Jeffrey, P. & McGrath, A. (2000). Sharing serendipity in the workplace. *Proceedings of the 6[ird] International Conference on Collaborative Virtual Environments* (pp. 173-179). ACM – San Francisco.

Jeong, H., Hmelo-Sylver, C. E. & Jo, K. (2019). Ten years of Computer-Supported Collaborative Learning: A metaanalysis of CSCL in STEM education during 2005-2014. *Educational Research Review, 28.* doi: 10.1016/j.edurev.2019.100284

Jézégou, A. (2010). Créer de la présence à distance en e-learning. Cadre théorique, définition, et dimensions clés. *Distances & Savoirs, 8*(2), 257-274.

Johnson, D. W. & Johnson, R. T. (1980). Integrating handicapped students into mainstream. *Exceptional Children, 47,* 90-98.

Johnson, D. W. & Johnson, R. T. (1990). Cooperative learning and achievement. In S. Sharan (Ed.), *Cooperative learning: Theory and research* (pp. 23-38). Praeger.

Jones, N. A. (2006). From the sage on the stage to the guide on the side: The challenge for educators today. *ABAC Journal, 26*(1), 1-18.

Justice, C., Warry, W., Cuneo, C. L., Inglis, S., Miller, S., Rice, J. & Sammon, S. (2002). *A grammar for inquiry: Linking goals and methods in a collaboratively taught social sciences inquiry course*. The Alan Blizzard Award paper - The Award Winning Papers. Special Publication of the Society for Teaching and Learning in Higher Education and McGraw-Hill Ryerson.

Keselman, A. (2003). Supporting inquiry learning by promoting normative understanding of multivariable causality. *Journal of Research in Science Teaching, 40*, 898-921. doi: 10.1002/tea.10115

Kessler, G., Bikowski, D. & Boggs, J. (2012). Collaborative writing among second language learners in academic web-based projects. *Language Learning & Technology, 16*, 91-109. Repéré à http://scholarspace.manoa.hawaii.edu/bitstream/10125/44276/1/16_01_kesslerbikowskiboggs.pdf

Kiesler, C. A. (1971). *The psychology of commitment*. Academic Press.

Kiesler, S. & Cummings, J. N. (2002). What do we know about proximity and distance in work groups? A legacy of research. In P. Hinds & S. Kiesler (Eds.), *Distributed work* (pp. 57-80). MIT Press.

Kieslinger, B. & Ebner, M. (2011). A qualitative approach towards discovering microblogging practices of scientists. *Proceedings of the 14th International Conference on Interactive Collaborative Learning* (ICL) (pp. 51-57). Piešťany, Slovakia.

King, A. (1989). Verbal interaction and problem-solving within computer-assisted cooperative learning groups. *Journal of Educational Computing, 5*(1), 1-15.

Klahr, D. & Dunbar, K. (1988). Dual space search during scientific reasoning. *Cognitive Science, 12*, 1-55.

Knorr-Cetina, K. D. (1981). *The manufacture of knowledge*. Pergamon Press.

Konecki, K. T. (2019). Creative thinking in qualitative research and analysis. *Qualitative Sociology Review, 15*(3), 6-25.

Kop, R. (2012*a*). *Information aggregation in networked learning: The human factor and serendipity*. Communication présentée à la 8th International Conference on Networked Learning, Maastricht, The Netherlands.

Kop, R. (2012*b*). The unexpected connection: Serendipity and human mediation in networked learning. *Educational Technology & Society, 15*(2), 2-11.

Kozinets, R. V. (2010). *Netnography: The marketer's secret weapon. How social media understanding drives innovation*. NetBase Solutions.

Kruger, A. C. & Tomasello, M. (1986). Transactive discussions with peers and adults. *Developmental Psychology, 22*, 681-685.

Kuhlthau, C. C. (2004). *Seeking meaning: A process approach to library and information services* (2nd edition). Libraries Unlimited.

Kuhlthau, C. C. (2010). Guided inquiry: School libraries in the 21st century. *School Libraries Worldwide*, *16*(1), 17-27.

Leijen, Ä., Valtna, K., Leijen, D. A. J. & Pedaste, M. (2012). How to determine the quality of students' reflections? *Studies in Higher Education*, *37*, 203-217. doi: 10.1080/03075079.2010.504814

Lewin, K. (1947). Group decision and social change. In E. Swanson, T. M. Newcomb & E. L. Hartley (Eds.), *Readings in social psychology* (pp. 197-211). Holt.

Li, P.-J., Hong, H.-Y., Chai, C.-S., Tsai C. C. & Lin, P.-Y. (2018). Fostering students' scientific inquiry through computer-supported collaborative knowledge building. *Research in Science Education*. Repéré à https://link.springer.com/article/10.1007/s11165-018-9762-3

Li, X. & Yu, Y. (2020). Characteristics of asynchronous online discussions in a graduate course: An exploratory study. *Information and Learning Sciences*, *121*(7/8), 599-609. doi:10.1108/ILS-04-2020-0120

Liang, R.-H. (2012). Designing for unexpected encounters with digital products: Case studies of serendipity as felt experience. *International Journal of Design*, *6*(1), 41-58.

Lim, B. (2004). Challenges and issues in designing inquiry on the web. *British Journal of Educational Technology*, *35*, 627-643. doi:10.1111/j.0007-1013.2004.00419.x

Little, D. (2007). Introduction: Reconstructing learner and teacher autonomy in language education. In A. Barfield & S. H. Brown (Eds.), *Reconstructing autonomy in language education: Inquiry and innovation* (pp. 1-12). Palgrave Macmillan. doi:10.1057/9780230596443_1

Liu, Y. (2019). Using reflections and questioning to engage and challenge online graduate learners in education. *Research and Practice in Technology Enhanced Learning*, *14*(3). doi:10.1186/s41039-019-0098-z

Madge, C., Meek, J., Wellens, J. & Hooley, T. (2009). Facebook, social integration and informal learning at university: It is more for socialising and talking to friends about work than for actually doing work. *Learning, Media & Technology*, *34*(2), 141-155.

Madge, C., Breines, M. R., Dalu, M. T. B., Gunter, A., Mittelmeier, J., Prinsloo, P. & Raghuram, P. (2019). WhatsApp use among African International Distance Education (IDE) students: Transferring, translating and transforming educational experiences. *Learning, Media & Technology*, *44*(3), 267-282. doi:10.1080/17439884.2019.1628048

Mäeots, M., Pedaste, M. & Sarapuu, T. (2008). Transforming students' inquiry skills with computer-based simulations. *8th IEEE International Conference on Advanced Learning Technologies (Santander, 1-5 July 2008)*. doi:10.1109/ICALT.2008.239

Marrow, A. J. (1972). *Kurt Lewin, sa vie et son œuvre*. ESF.

Mastafi, M. (2016). Définitions des TIC(E) et acception. In J. Bacha, S. Ben Abid-Zarrouk, L. Kadi & A. Mabrour (Eds.), *Penser les TIC dans les universités du Maghreb* (pp. 179-195). L'Harmattan.

Matsushita, K. (Ed.) (2018). *Deep active learning: Toward greater depth in university education*. Springer. doi:10.1007/978-981-10-5660-4

Mayer, J. M., Hiltz, S. R., Barkhuus, L., Väänänen, K. & Jones, Q. (2016). Supporting opportunities for context-aware social matching: An experience sampling study. *Proceedings of the 2016 CHI Conference on Human Factors in Computing Systems* (pp. 2430-2441). San Jose, USA.

McCarthey, S. J. & McMahon, S. (1992). From convention to invention: Three approaches to peer interaction during writing. In R. Hertz-Lazarowitz & N. Miller (Eds.), *Interaction in cooperative groups: The theoretical anatomy of group learning* (pp. 17-35). Cambridge University Press.

McCay-Peet, L. & Toms, E. G. (2015). Investigating serendipity: How it unfolds and what may influence it? *Journal of the Association for Information Science and Technology, 66*(7), 1463-1476.

McLoughlin, C. & Lee, M. (2007). Social software and participatory learning: Pedagogical choices with technology affordances in the Web 2.0 era. In R. J. Atkinson, C. McBeath, S. K. A. Soong & C. Cheers (Eds.), *Proceedings Ascilite Singapore 2007* (pp. 664-675). Centre for Educational Development - Nanyang Technological University.

McPherson, M., Smith-Lovin, L. & Cook, J. M. (2001). Birds of a feather: Homophily in social networks. *Annual Review of Sociology, 27*(1), 415-444.

Mehrabian, A. (1967). Attitudes inferred from non-immediacy of verbal communication. *Journal of Verbal Learning and Verbal Behavior, 6*, 294-295.

Mercer, N. & Littleton, K. (2007). *Dialogue and the development of children's thinking: A sociocultural approach.* Routledge.

Mercer, N., Wegerif, R. & Dawes, L. (1999). Children's talk and the development of reasoning in the classroom. *British Educational Research Journal, 25*(1), 95-111.

Mesnier, P. M. & Omont, B. (1985). Les rôles du formateur dans un dispositif d'apprentissage individualisé. *Formation - Développement*, ADEP 74, 21-39.

Minner, D. D., Levy, A. J. & Century, J. (2010). Inquiry-Based Science Instruction: What is it and does it matter? Results from a research synthesis years 1984 to 2002. *Journal of Research in Science Teaching, 47*(4), 474-496.

Morales Villabona, F. (2019). *Comprendre l'évaluation formative en classe : analyses de deux démarches intégrées à la production de textes écrits à l'école élémentaire genevoise* (Thèse de doctorat). Université de Genève.

Moscovici, S. & Doise, W. (1992). *Dissensions et consensus. Une théorie générale des décisions collectives.* Presses Universitaires de France.

Mott, J. (2010). Envisioning the post - LMS era: The open learning network. *Educause Quarterly, 33*(1). Repéré à https://www.learntechlib.org/p/106958/

Myers, K. K & Sadaghiani, K. (2010). Millennials in the workplace: A communication perspective on millennials' organizational relationships and performance. *Journal of Business and Psychology, 25*(2), 225-238.

Nepton, S. (2020). Faire bonne expression : prise de parole et formation de la pensée en philosophie pour enfants. *Recherches en éducation, 39*, 51-62.

Nothhaft, H. (2010). The myth of serendipity. *TechCrunch*. Repéré à http://techcrunch.com/2010/11/27/myth-serendipity/

Nunès, T. (1991). Systèmes alternatifs de connaissances selon différents environnements. In C. Garnier, N. Bednarz & I. Ulanovskaya (Eds.), *Après Vygotski et Piaget. Perspectives sociale et constructiviste. Écoles russe et occidentale* (pp. 117-128). De Boeck Supérieur.

Olshannikova, E., Olsson, T., Huhtamäki, J., Paasovaara, S. & Kärkkäinen, H. (2020). From chance to serendipity: Knowledge workers' experiences of serendipitous social encounters. *Advances in Human-Computer Interaction*. doi:10.1155/2020/1827107

Panitz, T. (1999). *Cooperative versus collaborative learning: A comparison of two concepts which will help us understand underlying nature of interactive learning*. US Department of Education.

Paul, M. (2007). Ce qu'accompagner veut dire. *Carriérologie*, *9*(1/2), 121-144.

Pedaste, M., Mäeots, M., Siiman, L. A., de Jong, T., van Riesen, S. A. N., Kamp, E. T., Manoli, C. C., Zacharia, Z. C. & Tsourlidaki, E. (2015). Phases of inquiry-based learning: Definitions and the inquiry cycle. *Educational Research Review, 14*, 47-61. Repéré à https://www.researchgate.net/publication/272946536

Pène, S. (2017). Postface. La pédagogie universitaire, cœur de la transition numérique. In L. Massou & N. Lavielle-Gutnik (Eds.), *Enseigner à l'université avec le numérique* (pp. 251-264). De Boeck Supérieur.

Peraya, D. (1998). *Les dispositifs de communication éducative médiatisée : médiation et médiatisation*. Actes du Congrès SFSIC, Avignon, 17-18-19 septembre 1998.

Peraya, D. & Bonfils, P. (2012). Nouveaux dispositifs médiatiques, comportements et usages émergents : le cas d'étudiants toulonnais en formation à l'UFR Ingémédia. *Distance & Médiations des Savoirs, 1*. Repéré à https://dms.revues.org/126

Peraya, D. & Bonfils, P. (2014). Détournements d'usages et nouvelles pratiques numériques : l'expérience des étudiants d'Ingémédia à l'Université de Toulon. *STICEF. Les Environnements Personnels d'Apprentissage : entre description et conceptualisation* (Numéro spécial) *21*. Repéré à http://archive-ouverte.unige.ch/unige:46581

Peraya, D. & Dumont, P. (2003). Interagir dans une classe virtuelle : analyse des interactions verbales médiatisées dans un environnement synchrone. *Revue Française de Pédagogie, 145*, 51-61.

Peraya, D., Charlier, B. & Deschryver, N. (2014). Une première approche de l'hybridation. Étudier les dispositifs hybrides de formation. Pourquoi ? Comment ? *Éducation & Formation, e-301*, 15-34.

Perret-Clermont, A.-N. (1979). *La construction de l'intelligence dans l'interaction sociale*. Peter Lang.

Perron, S., Hasni, A. & Boilevin, J.-M. (2020). L'absence de savoirs conceptuels lors de démarches d'investigation scientifique mise en œuvre en classe : une crainte devenue réalité ? *Recherches en éducation, 42*, 199-219. doi:10.4000/ree.1643

Piaget, J. (1932/1992) *Le jugement moral chez l'enfant*. Presses Universitaires de France.

Piaget, J. (1969). *Psychologie et Pédagogie*. Denoël.

Piaget, J. (1975). *L'équilibration des structures cognitives. Problème central du développement*. Presses Universitaires de France.

Piaget, J. (1976). *The grasp of consciousness: Action and concept in the young child*. Harvard University Press.

Ploetzner, R., Dillenbourg, P., Praier, M. & Traum, D. (1999). Learning by explaining to oneself and to others. In P. Dillenbourg (Ed.), *Collaborative learning: Cognitive and computational approaches* (pp. 103-121). Pergamon.

Pöntinen, S., Kärkkäinen, S., Pihlainen, K. & Räty-Záborszky, S. (2019). Pupils-generated questions in collaborative open inquiry. *Education Sciences*, *9*(2). doi:10.3390/educsci9020156

Prensky, M. (2001). Digital natives, digital immigrants. *On the Horizon*, *9*(5), 1-6.

Price, L., Richardson, J. T. E & Jelfs, A. (2007). Face-to-face versus online tutoring support in distance education. *Studies in Higher Education*, *32*(1), 1-20.

PRIMAS (2011). Promoting inquiry-based learning in mathematics and science education across Europe. Repéré à http://www.primas-project.eu/

Quintin, J.-J. (2008). *Accompagnement tutoral d'une formation collective via Internet. Analyse des effets de cinq modalités d'intervention tutorale sur l'apprentissage des groupes restreints* (Thèse de Doctorat de Sciences de l'Éducation). Université de Mons-Hainaut - Université Stendhal-Grenoble 3.

Racheva, V. (2018). Social aspect of synchronous virtual learning environments. *AIP Conference Proceedings 2048 – 020032*. doi:10.1063/1.5082050

Riga, F., Winterbottom, M., Harris, E. & Newby, L. (2017). Inquiry-based science education. In K.S. Taber & B. B. Akpan (Eds.), *Science education: An international course companion* (pp. 247-261). Sense Publishers. Repéré à https://www.researchgate.net/deref/http%3A%2F%2Fdx.doi.org%2F10.1007%2F978-94-6300-749-8_19

Rochex, J.-Y. (1997). L'œuvre de Vygotski : fondements pour une psychologie historico-culturelle. *Revue Française de Pédagogie*, *120*, 105-147.

Rodoven, M. & Kristl, N. (2020). Učenje in poučevanje v virtualnem učnem okolju – pomen oblikovanja skupnosti in sodelovanja. *Sodobna pedagogika / Journal of Contemporary Educational Studies*, *71*(137), 10-23.

Rogoff, B. & Wertsch, J. V. (1984). *Children's learning in the zone of proximal development. New Direction for Child Development* (Vol. 23). Jossey-Bass.

Roland, N. & Talbot, L. (2014). L'environnement personnel d'apprentissage : un système hybride d'instruments. *STICEF*, *21*, 289-316.

Roschelle, J. & Teasley, S. D. (1995). The construction of shared knowledge in collaborative problem solving. In C. O'Malley (Ed.), *Computer supported collaborative learning* (pp. 69-100). Springer-Verlag.

Rowntree, D. (1995). Teaching and learning online: A correspondence education for the 21st century? *British Journal of Educational Technology*, *26*(3), 205-215.

Runnel, M. I., Pedaste, M. & Leijen, A. (2013). Model for guiding reflection in the context of inquiry-based science education. *Journal of Baltic Science Education*, *12*, 107-118.

Saadatmand, M. & Kumpulainen, K. (2013). Content aggregation and knowledge sharing in a personal learning environment: Serendipity in open online networks. *International Journal of Emerging Technologies in Learning, 8*(1), 70-78. doi:10.3991/ijet.v8iS1.2362

Saldaña, J. (2015). *The coding manual for qualitative researchers* (3rd edition). Sage Publications.

Saunders, W. M. (1989). Collaborative writing tasks and peer interaction. *International Journal of Educational Research, 13*(1), 101-112.

Scanlon, E., Anastopoulou, S., Kerawalla, L. & Mulholland, P. (2011). How technology resources can be used to represent personal inquiry and support students' understanding of it across contexts. *Journal of Computer Assisted Learning, 27*, 516-529. doi:10.1111/j.1365-2729.2011.00414.x

Scardamalia, M. & Bereiter, C. (2003). Knowledge building. In J. W. Guthrie (Ed.), *Encyclopedia of education* (2nd edition) (pp. 1370-1373). Macmillan Reference.

Schneuwly, B. (1994). Contradiction and development: Vygotsky and paedology. *European Journal of Psychology of Education, 9*(4), 281-291.

Sharan, S. & Hertz-Lazarowitz, R. (1980). A group-investigation method of cooperative learning in classroom. In S. Sharan, P. Hare, C. Webb & R. Hertz-Lazarowitz (Eds.), *Cooperation in education* (pp. 14-46). Brigham Young University Press.

Sharan, Y. & Sharan, S. (1992). *Group investigation: Expanding cooperative learning.* Teacher's College Press.

Skyrme, D. (2007). *Knowledge networking: Creating the collaborative enterprise.* Routledge.

Sobaih, A. E. E., Moustafa, M. A., Ghandforoush, P. & Khan, M. (2016). To use or not to use? Social media in higher education in developing countries. *Computers in Human Behavior, 58*, 296-305.

Strauss, A. L. (1987). *Qualitative analysis for social scientists.* Cambridge University Press.

Suwantarathip, O. & Wichadee, S. (2014). The effects of collaborative writing activity using Google Docs on students' writing abilities. *The Turkish Online Journal of Educational Technology, 13*, 148-156.

Tai, Y., Ting, Y.-L. & Tseng, T.-H. (2018). A proposed cohesive use of online discussion board from the aspects of instructional and social interactions in engineering education. *International Journal of Online pedagogy and Course Design, 8*(3), 33-44. doi:10.4018/IJOPCD.2018070103

Talbot, L. (2009). *L'évaluation formative : comment évaluer pour remédier aux difficultés d'apprentissage ?* Armand Colin.

Thomas, M. J. W. (2002). Learning within incoherent structures: The space of online discussion forums. *Journal of Computer Assisted Learning, 18*(3), 351-366.

Ting, F., Lam, W. & Shroff, R. (2019). Active learning via problem-based collaborative games in a large mathematics university course in Hong Kong. *Education Sciences, 9*(3). Repéré à http://creativecommons.org/licenses/by/4.0/

Toohey, K. (2007). Conclusion: Autonomy/agency through social-cultural lenses. In A. Barfield & S. H. Brown (Eds.), *Reconstructing autonomy in language education: Inquiry and* innovation (pp. 231-242). Palgrave Macmillan. doi:10.1057/9780230596443_19

Tudge, J. & Rogoff, B. (1989). Peer influences on cognitive development: Piagetian and Vygotskian perspectives. In M. H. Bornstein & J. S. Bruner (Eds.), *Interaction in human development* (pp. 17-40). Lawrence Erlbaum Associates.

Tutty, J. I. & Klein, J. D. (2008). Computer-mediated instruction: A comparison of online and face-to-face collaboration. *Educational Technology Research and Development, 56*, 101-124.

van Harmelen, M. (2008). Design trajectories: Four experiments in PLE implementation. *Interactive Learning Environments, 16*(1), 35-46.

Vrasidas, C. & McIsaac, M. S. (1999). Factors influencing interaction in an online course. *The American Journal of Distance Education, 13*(3), 22-36.

Vuopala, E., Hyvönen, P. & Järvelä, S. (2016). Interaction forms in successful collaborative learning in virtual learning environments. *Active Learning in Higher Education, 17*(1), 25-38.

Vygotski, L. S. (1930/1985). Le problème de l'enseignement et du développement mental à l'âge scolaire. In B. Schneuwly & J.-P. Bonckart (Eds.), *Vygotski aujourd'hui* (pp. 95-117). Delachaux et Niestlé.

Vygotski, L. S. (1934/1985). *Pensée et langage*. Éditions Sociales.

Vygotski, L. S. (1935/1978). *Mind in society: The development of higher psychological processes*. Cambridge University Press.

Walker, U. & Haddon, R. (2011). Foreign language learning conceptualisations of distance learners in New Zealand: Goals, challenges and responses. *The Language Learning Journal, 39*(3), 345-364.

Walther, J. B. (2012). Interaction through technological lenses: Computer-mediated communication and language. *Journal of Language and Social Psychology, 31*(4), 397-414.

Wang, C., Fang, T. & Gu, Y. (2020). Learning performance and behavioral patterns of online collaborative learning: Impact of cognitive load and affordances of different multimedia. *Computers & Education, 143*. doi:10.1016/j.compedu.2019.103683

Wang, Q. Y. & Woo, H. L. (2007). Comparing asynchronous online discussions and face-to-face discussions in a classroom setting. *British Journal of Educational Technology, 38*(2), 272-286.

Waters, J. (2012). The impact of instructor intervention style on student activity in asynchronous online learning discussion boards. In T. Bastiaens & G. Marks (Eds.), *Proceedings of World Conference on E-Learning in Corporate, Government, Healthcare, and Higher Education* (pp. 831-840). Association for the Advancement of Computing in Education.

Weiser, O., Blau, I. & Eshet-Alkalai, Y. (2018). How do medium naturalness, teaching-learning interactions and students' personality traits affect participation in synchronous E-learning? *The Internet and Higher Education, 37*, 40-51.

Wertsch, J. V. (Ed.) (1981). *The concept of activity in Soviet psychology*. M. Sharpe.

Wertsch, J. V. (1985). La médiation sémiotique de la vie mentale : L. S. Vygotski et M. M. Bakhtine. In B. Schneuwly & J.-P. Bronckart (Eds.), *Vygotski aujourd'hui* (pp. 139-168). Delachaux et Niestlé.

Wheeler, S. (2011). *The future of learning: Web 2.0 and the smart extended web*. Learn-TEC. Repéré à http://tinyurl.com/68beada

Wheeler, S., Yeomans, P. & Wheeler, D. (2008). The good, the bad and the wiki: Evaluating student-generated content for collaborative learning. *British Journal of Educational Technology, 39*(6), 987-995.

White, B. Y. & Frederiksen, J. R. (1998). Inquiry, modeling, and metacognition: Making science accessible to all students. *Cognition and Instruction, 16*, 3-118. doi:10.1207/s1532690xci1601_2

White, B. Y., Shimoda, T. A. & Frederiksen, J. R. (1999). Enabling students to construct theories of collaborative inquiry and reflective learning: Computer support for metacognitive development. *International Journal of Artificial Intelligence in Education, 10*, 151-182.

Wichadee, S. (2013). Improving students' summary writing ability through collaboration: A comparison between online wiki group and conventional face-to-face group. *The Turkish Online Journal of Educational Technology, 12*(3), 107-116.

Williams, M. (1989). Vygotsky's social theory of mind. *Harvard Educational Research, 39*(10), 108-126.

Williams, R., Karousou, R. & Mackness, J. (2011). Emergent learning and learning ecologies in Web 2.0. *International Review of Research in Open and Distance Learning, 12*(3), 39-59.

Wood, D., Bruner, J. S. & Ross, G. (1976). The role of tutoring in problem solving. *Journal of Child Psychology and Psychiatry, 17*, 89-100.

Woodrich, M. & Fan, Y. (2017). Google Docs as a tool for collaborative writing in the middle school classroom. *Journal of Information Technology Education: Research, 16*, 391-410.

Yang, Y., van Aalst, J., Chan, C. K. K. & Tian, W. (2016). Reflective assessment in knowledge building by students with low academic achievement. *International Journal of Computer-Supported Collaborative Learning, 11*(3), 281-311.

Zhong, Q. M. (2021). Fostering group autonomy through collaborative learning in an online environment. *SiSAL Journal, 12*(1), 79-91.

Zhou, X., Sun, X., Wang, Q. & Sharples, S. (2018). A context-based study of serendipity in information research among Chinese scholars. *Journal of Documentation, 74*(3), 526-555.

Table des acronymes

AC: Apprentissage Collaboratif

AL: Active Learning

AOD : Asynchronous Online Discussion

CMC : Computer-Mediated Collaboration

CSCL: Computer-Supported Collaborative Learning

DIS : Démarche d'Investigation Scientifique

EPA : Environnement Personnel d'Apprentissage

ESL : English Second Language

GI : Group Investigation

IC : Investigation Collaborative

IDE : International Distance Education

MOOCs : Massive Open Online Courses

RDA : Ressources : Description et Accès

RPA : Réseau Personnel d'Apprentissage

TIC : Technologies de l'Information et de la Communication

ANNEXE 1

La multiplication (technique de la grille)

Découper et calculer :

	729	729
	× 8	× 8
	....	....
729 × 8 =	...	
	..	
.... + ... + .. =	....	

	2 409	2 409
	× 8	× 8
	.....	
2 409 × 8 =	....	

	3 145	3 145
	× 6	× 6
	.....	
3 145 × 6 =	....	

	645	645
	× 25	× 25
645 × 25 =		

Exploration

Ouvrages parus

Education: histoire et pensée

- Cristian Bota: *Pensée verbale et raisonnement. Les fondements langagiers des configurations épistémiques*. 260 p., 2018.
- Catherine Bouve: *L'utopie des crèches françaises au XIX*[e] *siècle. Un pari sur l'enfant pauvre.* Essai socio-historique. 308 p., 2010.
- Pierre Caspard : *La famille, l'école, l'État. Un modèle helvétique, XVII*[e]*-XIX*[e] *siècles.* 236 p., 2021.
- Loïc Chalmel: *La petite école dans l'école – Origine piétiste-morave de l'école maternelle française.* Préface de J. Houssaye. 375 p., 1996, 2000, 2005.
- Loïc Chalmel: *Jean Georges Stuber (1722–1797) – Pédagogie pastorale.* Préface de D. Hameline, XXII, 187 p., 2001.
- Loïc Chalmel: *Réseaux philanthropinistes et pédagogie au 18*[e] *siècle.* XXVI, 270 p., 2004.
- Nanine Charbonnel: *Pour une critique de la raison éducative.* 189 p., 1988.
- Marie-Madeleine Compère: *L'histoire de l'éducation en Europe. Essai comparatif sur la façon dont elle s'écrit.* (En coédition avec INRP, Paris). 302 p., 1995.
- Jean-François Condette, *Jules Payot (1859–1940). Education de la volonté, morale laïque et solidarité. Itinéraire intellectuel et combats pédagogiques au coeur de la IIIe République.* 316 p., 2012.

- Lucien Criblez, Rita Hofstetter (Ed./Hg.), Danièle Périsset Bagnoud (avec la collaboration de/unter Mitarbeit von): *La formation des enseignant(e)s primaires. Histoire et réformes actuelles / Die Ausbildung von PrimarlehrerInnen. Geschichte und aktuelle Reformen.* VIII, 595 p., 2000.
- Daniel Denis, Pierre Kahn (Ed.): *L'Ecole de la Troisième République en questions. Débats et controverses dans le* Dictionnaire de pédagogie *de Ferdinand Buisson.* VII, 283 p., 2006.
- Marcelle Denis: *Comenius. Une pédagogie à l'échelle de l'Europe.* 288 p., 1992.
- Joëlle Droux & Rita Hofstetter (Éd.): *Internationalismes éducatifs entre débats et combats (fin du 19e – premier 20e siècle).* 304 p., 2020.
- Patrick Dubois: *Le Dictionnaire de Ferdinand Buisson. Aux fondations de l'école républicaine (1878–1911).* VIII, 243 p., 2002.
- Marguerite Figeac-Monthus: *Les enfants de l'*Émile*? L'effervescence éducative de la France au tournant des XVIIIe et XIXe siècles.* XVII, 326 p., 2015.
- Nadine Fink: *Paroles de témoins, paroles d'élèves. La mémoire et l'histoire de la Seconde Guerre mondiale de l'espace public au monde scolaire.* XI, 266 p., 2014.
- Philippe Foray: *La laïcité scolaire. Autonomie individuelle et apprentissage du monde commun.* X, 229 p., 2008.
- Jacqueline Gautherin: *Une discipline pour la République. La science de l'éducation en France (1882–1914).* Préface de Viviane Isambert-Jamati. XX, 357 p., 2003.
- Daniel Hameline, Jürgen Helmchen, Jürgen Oelkers (Ed.): *L'éducation nouvelle et les enjeux de son histoire.* Actes du colloque international des archives Institut Jean-Jacques Rousseau. VI, 250 p., 1995.
- Béatrice Haenggeli-Jenni: *L'Éducation nouvelle : entre science et militance. Débats et combats au prisme de la revue* Pour l'Ère Nouvelle *(1920–1940).* VIII, 361 p., 2017.
- Rita Hofstetter: *Les lumières de la démocratie. Histoire de l'école primaire publique à Genève au XIXe siècle.* VII, 378 p., 1998.
- Rita Hofstetter, Charles Magnin, Lucien Criblez, Carlo Jenzer (†) (Ed.): *Une école pour la démocratie. Naissance et développement de l'école primaire publique en Suisse au 19e siècle.* XIV, 376 p., 1999.
- Rita Hofstetter, Bernard Schneuwly (Ed./Hg.): *Science(s) de l'éducation (19e-20e siècles) – Erziehungswissenschaft(en) (19.–20. Jahrhundert). Entre champs professionnels et champs disciplinaires Zwischen Profession und Disziplin.* 512 p., 2002.
- Rita Hofstetter, Bernard Schneuwly (Ed.): *Passion, Fusion, Tension. New Education and Educational Sciences – Education nouvelle et Sciences de l'éducation. End 19th – middle 20th century Fin du 19e – milieu du 20e siècle.* VII, 397 p., 2006.
- Rita Hofstetter, Bernard Schneuwly (Ed.), avec la collaboration de Valérie Lussi, Marco Cicchini, Lucien Criblez et Martina Späni: *Emergence des sciences de l'éducation en Suisse à la croisée de traditions académiques contrastées. Fin du 19e – première moitié du 20e siècle.* XIX, 539 p., 2007.
- Rita Hofstetter & Érhise (Éd.) : *Le Bureau international d'éducation, matrice de l'internationalisme éducatif. (premier 20e siècle) Pour une charte des aspirations mondiales en matière éducative.* 650 p., 2022.
- Jean Houssaye: *Théorie et pratiques de l'éducation scolaire* (1): *Le triangle pédagogique.* Préface de D. Hameline. 267 p., 1988, 1992, 2000.
- Jean Houssaye: *Théorie et pratiques de l'éducation scolaire* (2): *Pratique pédagogique.* 295 p., 1988.

- Alain Kerlan: *La science n'éduquera pas. Comte, Durkheim, le modèle introuvable*. Préface de N. Charbonnel. 326 p., 1998.
- Francesca Matasci: *L'inimitable et l'exemplaire: Maria Boschetti Alberti. Histoire et figures de l'Ecole sereine*. Préface de Daniel Hameline. 232 p., 1987.
- Pierre Ognier: *L'Ecole républicaine française et ses miroirs*. Préface de D. Hameline. 297 p., 1988.
- Annick Ohayon, Dominique Ottavi & Antoine Savoye (Ed.): *L'Education nouvelle, histoire, présence et devenir*. VI, 336 p., 2004, 2007.
- Johann Heinrich Pestalozzi: *Ecrits sur l'expérience du Neuhof*. Suivi de quatre études de P.-Ph. Bugnard, D. Tröhler, M. Soëtard et L. Chalmel. Traduit de l'allemand par P.-G. Martin. X, 160 p., 2001.
- Johann Heinrich Pestalozzi: *Sur la législation et l'infanticide. Vérités, recherches et visions*. Suivi de quatre études de M. Porret, M.-F. Vouilloz Burnier, C. A. Muller et M. Soëtard. Traduit de l'allemand par P.-G. Matin. VI, 264 p., 2003.
- Viviane Rouiller: *«Apprendre la langue de la majorité des Confédérés». La discipline scolaire de l'allemand, entre enjeux pédagogiques, politiques, pratiques et culturels (1830–1990)*. XII, 390 p., 2020.
- Martine Ruchat: *Inventer les arriérés pour créer l'intelligence. L'arriéré scolaire et la classe spéciale. Histoire d'un concept et d'une innovation psychopédagogique 1874–1914*. Préface de Daniel Hameline. XX, 239 p., 2003.
- Jean-François Saffange: *Libres regards sur Summerhill. L'oeuvre pédagogique de A.-S. Neill*. Préface de D. Hameline. 216 p., 1985.
- Michel Soëtard, Christian Jamet (Ed.): *Le pédagogue et la modernité. A l'occasion du 250e anniv ersaire de la naissance de Johann Heinrich Pestalozzi (1746–1827)*. Actes du colloque d'Angers (9–11 juillet 1996). IX, 238 p., 1998.
- Alain Vergnioux: *Pédagogie et théorie de la connaissance. Platon contre Piaget?* 198 p., 1991.
- Alain Vergnioux (éd.): *Grandes controverses en éducation*. VI, 290 p., 2012.
- Marie-Thérèse Weber: *La pédagogie fribourgeoise, du concile de Trente à Vatican II. Continuité ou discontinuité?* Préface de G. Avanzini. 223 p., 1997.
- L.S. Vygotskij: *La science du développement de l'enfant. Textes pédologiques 1931–1934 de L.S. Vygotskij. Traduits par Irina Leopoldoff Martin. Édités et introduits par Irina Leopoldoff Martin et Bernard Schneuwly*. 432 p. 2018.

Recherches en sciences de l'éducation

- Sandrine Aeby Daghé: *Candide, La fée carabine et les autres*. Vers un modèle didactique de la lecture littéraire. IX, 303 p., 2014.
- Linda Allal, Jean Cardinet, Phillipe Perrenoud (Ed.): *L'évaluation formative dans un enseignement différencié*. Actes du Colloque à l'Université de Genève, mars 1978. 264 p., 1979, 1981, 1983, 1985, 1989, 1991, 1995.
- Claudine Amstutz, Dorothée Baumgartner, Michel Croisier, Michelle Impériali, Claude Piquilloud: *L'investissement intellectuel des adolescents. Recherche clinique*. XVII, 510 p., 1994.
- Bernard André: *S'investir dans son travail: les enjeux de l'activité enseignante*. XII, 289 p., 2013

- Guy Avanzini (Ed.): *Sciences de l'éducation: regards multiples.* 212 p., 1994.
- Daniel Bain: *Orientation scolaire et fonctionnement de l'école.* Préface de J. B. Dupont et F. Gendre. VI, 617 p., 1979.
- Jean-Michel Baudouin: *De l'épreuve autobiographique. Contribution des histoires de vie à la problématique des genres de texte et de l'herméneutique de l'action.* XII, 532 p., 2010.
- Alain Baudrit : *L'investigation collaborative : de la pratique d'enquête à la collaboration à distance.* 156 p., 2022.
- Véronique Bedin & Laurent Talbot (éd.): *Les points aveugles dans l'évaluation des dispositifs d'éducation ou de formation.* VIII, 211 p., 2013.
- Ana Benavente, António Firmino da Costa, Fernando Luis Machado, Manuela Castro Neves: *De l'autre côté de l'école.* 165 p., 1993.
- Jean-Louis Berger: *Apprendre : la rencontre entre motivation et métacognition.* Autorégulation dans l'apprentissage des mathématiques en formation professionnelle. XI, 221 p., 2015
- Bertrand Bergier: *Retours gagnants. De la sortie sans diplôme au retour diplômant.* 234 p., 2022.
- Denis Berthiaume & Nicole Rege Colet (Ed.): *La pédagogie de l'enseignement supérieur: repères théoriques et applications pratiques. Tome 1: Enseigner au supérieur.* 345 p., 2013.
- Anne-Claude Berthoud, Bernard Py: *Des linguistes et des enseignants. Maîtrise et acquisition des langues secondes.* 124 p., 1993.
- Anne-Claire Blanc, Vincent Capt (Ed.): *La tête et le texte. Formation initiale des enseignants primaires en didactique de la lecture et de l'écriture.* 242 p., 2020.
- Pier Carlo Bocchi: *Gestes d'enseignement.* L'agir didactique dans les premières pratiques d'écrit . 378 p., 2015.
- Cecilia Brassier-Rodrigues & Pascal Brassier (Ed.): *Internationalisation at Home. A collection of pedagogical approaches to develop students' intercultural competences.* 240 p., 2021
- Dominique Bucheton: *Ecritures-réécritures – Récits d'adolescents.* 320 p., 1995.
- Melanie Buser: *Two-Way Immersion in Biel/Bienne, Switzerland: Multilingual Education in the Public Primary School Filière Bilingue (FiBi). A Longitudinal Study of Oral Proficiency Development of K-4 Learners in Their Languages of Schooling (French and (Swiss) German).* 302 p., 2020.
- Sandra Canelas-Trevisi: *La grammaire enseignée en classe.* Le sens des objets et des manipulations. 261 p., 2009.
- Vincent Capt, Mathieu Depeursinge et Sonya Florey (Dir.): *L'enseignement du français et le défi du numérique.* VI, 134 p., 2020.
- Jean Cardinet, Yvan Tourneur (†): *Assurer la mesure. Guide pour les études de généralisabi lité.* 381 p., 1985.
- Felice Carugati, Francesca Emiliani, Augusto Palmonari: *Tenter le possible. Une expérience de socialisation d'adolescents en milieu communautaire.* Traduit de l'italien par Claude Béguin. Préface de R. Zazzo. 216 p., 1981.
- Evelyne Cauzinille-Marmèche, Jacques Mathieu, Annick Weil-Barais: *Les savants en herbe.* Pré face de J.-F. Richard. XVI, 210 p., 1983, 1985.
- Vittoria Cesari Lusso: *Quand le défi est appelé intégration. Parcours de socialisation et de personnalisation de jeunes issus de la migration.* XVIII, 328 p., 2001.
- Nanine Charbonnel (Ed.): *Le Don de la Parole. Mélanges offerts à Daniel Hameline pour son soixante-cinquième anniversaire.* VIII, 161 p., 1997.

- Gisèle Chatelanat, Christiane Moro, Madelon Saada-Robert (Ed.): *Unité et pluralité des sciences de l'éducation. Sondages au coeur de la recherche.* VI, 267 p., 2004.
- Florent Chenu: *L'évaluation des compétences professionnelles. Une mise à l'épreuve expérimentale des notions et présupposés théoriques sous-jacents.* 347 p., 2015.
- Christian Daudel: *Les fondements de la recherche en didactique de la géographie.* 246 p., 1990.
- Bertrand Daunay: *La paraphrase dans l'enseignement du français.* XIV, 262 p., 2002.
- Jean-Marie De Ketele: *Observer pour éduquer.* (Epuisé)
- Jean-Louis Derouet, Marie-Claude Derouet-Besson (Ed.): *Repenser la justice dans le domaine de l'éducation et de la formation.* VIII, 385 p., 2009.
- Ana Dias-Chiaruttini: *Le débat interprétatif dans l'enseignement du français.* IX, 261 p., 2015.
- Joaquim Dolz, Jean-Claude Meyer (Ed.): *Activités métalangagières et enseigne ment du français. Actes des journées d'étude en didactique du français (Cartigny, 28 février – 1 mars 1997).* XIII, 283 p., 1998.
- Pierre Dominicé: *La formation, enjeu de l'évaluation.* Préface de B. Schwartz. (Epuisé)
- Pierre Dominicé, Michel Rousson: *L'éducation des adultes et ses effets. Problématique et étude de cas.* (Epuisé)
- Pierre-André Doudin, Daniel Martin, Ottavia Albanese (Ed.): *Métacognition et éducation.* XIV, 392 p., 1999, 2001.
- Andrée Dumas Carré, Annick Weil-Barais (Ed.): *Tutelle et médiation dans l'éducation scientifique.* VIII, 360 p., 1998.
- Jean-Blaise Dupont, Claire Jobin, Roland Capel: *Choix professionnels adolescents. Etude longitudinale à la fin de la scolarité secondaire.* 2 vol., 419 p., 1992.
- Vincent Dupriez, Jean-François Orianne, Marie Verhoeven (Ed.): De l'école au marché du travail, l'égalité des chances en question. X, 411 p., 2008.
- Raymond Duval: *Sémiosis et pensée humaine – Registres sémiotiques et apprentissages intellectuels.* 412 p., 1995.
- Eric Espéret: *Langage et origine sociale des élèves.* (Epuisé)
- Jean-Marc Fabre: *Jugement et certitude. Recherche sur l'évaluation des connaissances.* Préface de G. Noizet. (Epuisé)
- Georges Felouzis et Gaële Goastellec (Éd.): *Les inégalités scolaires en Suisse. École, société et politiques éducatives.* VI, 273 p., 2015.
- Barbara Fouquet-Chauprade & Anne Soussi (Ed.): *Pratiques pédagogiques et éducation prioritaire.* VIII, 218 p., 2018.
- Monique Frumholz: *Ecriture et orthophonie.* 272 p., 1997.
- Pierre Furter: *Les systèmes de formation dans leurs contextes.* (Epuisé)
- Monica Gather Thurler, Isabelle Kolly-Ottiger, Philippe Losego et Olivier Maulini, *Les directeurs au travail. Une enquête au coeur des établissements scolaires et socio-sanitaires.* VI, 318 p., 2017.
- André Gauthier (Ed.): *Explorations en linguistique anglaise. Aperçus didac tiques.* Avec Jean-Claude Souesme, Viviane Arigne, Ruth Huart-Friedlander. 243 p., 1989.
- Marcelo Giglio & Francesco Arcidiacono (Ed.): *Les interactions sociales en classe: réflexions et perspectives.* VI, 250 p., 2017.

- Patricia Gilliéron Giroud & Ladislas Ntamakiliro (Ed.): *Réformer l'évaluation scolaire: mission impossible*. 264 p. 2010.
- Michel Gilly, Arlette Brucher, Patricia Broadfoot, Marylin Osborn: *Instituteurs anglais instituteurs francais. Pratiques et conceptions du rôle.* XIV, 202 p., 1993.
- André Giordan: *L'élève et/ou les connaissances scientifiques. Approche didactique de la construction des concepts scientifiques par les élèves.* 3e édition, revue et corrigée. 180 p., 1994.
- André Giordan, Yves Girault, Pierre Clément (Ed.): *Conceptions et connaissances.* 319 p., 1994.
- André Giordan (Ed.): *Psychologie génétique et didactique des sciences.* Avec Androula Henriques et Vinh Bang. (Epuisé)
- Corinne Gomila: *Parler des mots, apprendre à lire. La circulation du métalangage dans les activités de lecture.* X, 263 p. 2011.
- Armin Gretler, Ruth Gurny, Anne-Nelly Perret-Clermont, Edo Poglia (Ed.): *Etre migrant. Approches des problèmes socio-culturels et linguistiques des enfants migrants en Suisse.* 383 p., 1981, 1989.
- Francis Grossmann: *Enfances de la lecture. Manières de faire, manières de lire à l'école maternelle.* Préface de Michel Dabène. 260 p., 1996, 2000.
- Michael Huberman, Monica Gather Thurler: *De la recherche à la pratique. Eléments de base et mode d'emploi.* 2 vol., 335 p., 1991.
- Jean-Marc Huguenin et Georges Solaux: *Évaluation partenariale des politiques publiques d'éducation. L'expérience d'un dispositif d'évaluation du fonctionnement de l'enseignement primaire.* 139 p., 2017.
- Institut romand de recherches et de documentation pédagogiques (Neuchâtel): Connaissances mathématiques à l'école primaire: J.-F. Perret: *Présentation et synthèse d'une évaluation romande;* F. Jaquet, J. Cardinet: *Bilan des acquisitions en fin de première année;* F. Jaquet, E. George, J.-F. Perret: *Bilan des acquisitions en fin de deuxième année;* J.-F. Perret: *Bilan des acquisitions en fin de troisième année;* R. Hutin, L.-O. Pochon, J.-F. Perret: *Bilan des acquisitions en fin de quatrième année;* L.-O. Pochon: *Bilan des acquisitions en fin de cinquième et sixième année.* 1988–1991.
- Daniel Jacobi: *Textes et images de la vulgarisation scientifique.* Préface de J. B. Grize. (Epuisé)
- Marianne Jacquin, Germain Simons, Daniel Delbrassine (Ed.): *Les genres textuels en langues étrangères : entre théorie et pratique.* 372 p, 2019
- René Jeanneret (Ed.): *Universités du troisième âge en Suisse.* Préface de P. Vellas. 215 p., 1985.
- Samuel Johsua, Jean-Jacques Dupin: *Représentations et modélisations: le «débat scientifique» dans la classe et l'apprentissage de la physique.* 220 p., 1989.
- Constance Kamii: *Les jeunes enfants réinventent l'arithmétique.* Préface de B. Inhelder. 171 p., 1990, 1994.
- Helga Kilcher-Hagedorn, Christine Othenin-Girard, Geneviève de Weck: *Le savoir grammatical des élèves. Recherches et réflexions critiques.* Préface de J.-P. Bronckart. 241 p., 1986.
- Georges Leresche (†): *Calcul des probabilités.* (Epuisé)
- Francia Leutenegger: *Le temps d'instruire. Approche clinique et expérimentale du didactique ordinaire en mathématique.* XVIII, 431 p., 2009.
- Olivia Lewi et Blandine Longhi (dir.) : *Connecter et segmenter à l'écrit. Ponctuation et opérateurs linguistiques : deux défis pour l'enseignement.* 208p., 2022.
- Even Loarer, Daniel Chartier, Michel Huteau, Jacques Lautrey: *Peut-on éduquer l'intel li gence? L'évaluation d'une méthode d'éducation cognitive.* 232 p., 1995.

- Brigitte Louichon, Marie-France Bishop, Christophe Ronveaux (Ed.): *Les fables à l'école. Un genre patrimonial européen ?* VII, 279 p., 2017.
- Georges Lüdi, Bernard Py: *Etre bilingue.* 4e édition. XII, 223 p., 2013.
- Valérie Lussi Borer: *Histoire des formations à l'enseignement en Suisse romande.* X, 238 p., 2017.
- Pierre Marc: *Autour de la notion pédagogique d'attente.* 235 p., 1983, 1991, 1995.
- Jean-Louis Martinand: *Connaître et transformer la matière.* Préface de G. Delacôte. (Epuisé)
- Jonas Masdonati: *La transition entre école et monde du travail. Préparer les jeunes à l'entrée en formation professionnelle.* 300 p., 2007.
- Marinette Matthey: *Apprentissage d'une langue et interaction verbale.* XII, 247 p., 1996, 2003.
- Paul Mengal: *Statistique descriptive appliquée aux sciences humaines.* VII, 107 p., 1979, 1984, 1991, 1994, 1999 (5e + 6e), 2004.
- Isabelle Mili: *L'oeuvre musicale, entre orchestre et écoles.* Une approche didactique de pratiques d'écoute musicale. X, 228 p., 2014.
- Henri Moniot (Ed.): *Enseigner l'histoire. Des manuels à la mémoire.* (Epuisé)
- Cléopâtre Montandon, Philippe Perrenoud: *Entre parents et enseignants: un dialogue impossible?* Nouvelle édition, revue et augmentée. 216 p., 1994.
- Christiane Moro, Bernard Schneuwly, Michel Brossard (Ed.): *Outils et signes. Perspectives actuelles de la théorie de Vygotski.* 221 p., 1997.
- Christiane Moro & Cintia Rodríguez: *L'objet et la construction de son usage chez le bébé. Une approche sémiotique du développement préverbal.* X, 446 p., 2005.
- Lucie Mottier Lopez: *Apprentissage situé. La microculture de classe en mathématiques.* XXI, 311 p., 2008.
- Lucie Mottier Lopez & Walther Tessaro (éd.): *Le jugement professionnel, au coeur de l'évaluation et de la régulation des apprentissages.* VII, 357 p., 2016.
- Gabriel Mugny (Ed.): *Psychologie sociale du développement cognitif.* Préface de M. Gilly. (Epuisé)
- Maurice Niwese (Éd.): *L'écriture du primaire au secondaire : du déjà-là aux possibles : Résultats de recherche du projet ECRICOL*, 276 p., 2022.
- Romuald Normand: *Gouverner la réussite scolaire. Une arithmétique politique des inégalités.* XI, 260 p., 2011.
- Sara Pain: *Les difficultés d'apprentissage. Diagnostic et traitement.* 125 p., 1981, 1985, 1992.
- Sara Pain: *La fonction de l'ignorance.* (Epuisé)
- Christiane Perregaux: *Les enfants à deux voix. Des effets du bilinguisme successif sur l'apprentissage de la lecture.* 399 p., 1994.
- Jean-François Perret: *Comprendre l'écriture des nombres.* 293 p., 1985.
- Anne-Nelly Perret-Clermont: *La construction de l'intelligence dans l'interaction sociale.* Edition revue et augmentée avec la collaboration de Michèle Grossen, Michel Nicolet et Maria-Luisa Schubauer-Leoni. 305 p., 1979, 1981, 1986, 1996, 2000.
- Edo Poglia, Anne-Nelly Perret-Clermont, Armin Gretler, Pierre Dasen (Ed.): *Pluralité culturelle et éducation en Suisse. Etre migrant.* 476 p., 1995.
- Jean Portugais: *Didactique des mathématiques et formation des enseignants.* 340 p., 1995.
- Laetitia Progin: *Devenir chef d'établissement. Le désir de leadership à l'épreuve de la réalité.* 210 p., 2017.

- Nicole Rege Colet & Denis Berthiaume (Ed.): *La pédagogie de l'enseignement supérieur: repères théoriques et applications pratiques. Tome 2. Se développer au titre d'enseignant.* VI, 261 p., 2015
- Yves Reuter (Ed.): *Les interactions lecture-écriture.* Actes du colloque organisé par THÉODILE-CREL (Lille III, 1993). XII, 404 p., 1994, 1998.
- Philippe R. Richard: *Raisonnement et stratégies de preuve dans l'enseignement des mathématiques.* XII, 324 p., 2004.
- Marielle Rispail et Christophe Ronveaux (Ed.): *Gros plan sur la classe de français. Motifs et variations.* X, 258 p., 2010.
- Yviane Rouiller et Katia Lehraus (Ed.): *Vers des apprentissages en coopération: rencontres et perspectives.* XII, 237 p., 2008.
- Guy Rumelhard: *La génétique et ses représentations dans l'enseignement.* Préface de A. Jacquard. 169 p., 1986.
- El Hadi Saada: *Les langues et l'école. Bilinguisme inégal dans l'école algérienne.* Préface de J.-P. Bronckart. 257 p., 1983.
- Jean-Pascal Simon, Francis Grossmann (Ed.): *Lecture à l'Université. Langue maternelle, seconde et étrangère.* VII, 289 p., 2004.
- Muriel Surdez: *Diplômes et nation. La constitution d'un espace suisse des professions avocate et artisanales (1880–1930).* X, 308 p., 2005.
- Marc Surian: *Didactique du français et accueil des élèves migrants. Objets d'enseignement, obstacles et régulation des apprentissages.* 242 p., 2018.
- Valérie Tartas: *La construction du temps social par l'enfant. Préfaces de Jérôme Bruner et Michel Brossard* XXI, 252 p., 2008.
- Joris Thievenaz, Jean-Marie Barbier et Frédéric Saussez (Dir.): *Comprendre/Transformer.* 292 p., 2020.
- Sabine Vanhulle: *Des savoirs en jeu aux savoirs en «je». Cheminements réflexifs et subjectivation des savoirs chez de jeunes enseignants en formation.* 288 p., 2009.
- Gérard Vergnaud: *L'enfant, la mathématique et la réalité. Problèmes de l'enseignement des mathématiques à l'école élémentaire.* V, 218 p., 1981, 1983, 1985, 1991, 1994.
- Joëlle Vlassis: *Sens et symboles en mathématiques. Etude de l'utilisation du signe «moins» dans les réductions polynomiales et la résolution d'équations du premier degré à inconnue.* XII, 437 p., 2010.
- Sylvain Wagnon: *Le manuel scolaire, objet d'étude et de recherche : enjeux et perspectives.* X, 310 p., 2019.
- Nathanaël Wallenhorst: *L'école en France et en Allemagne. Regard de lycéens, comparaison d'expériences scolaires.* IX, 211 p., 2013.
- Jacques Weiss (Ed.): *A la recherche d'une pédagogie de la lecture.* (Epuisé)
- Martine Wirthner: *Outils d'enseignement : au-delà de la baguette magique. Outils transformateurs, outils transformés dans des séquences d'enseignement en production écrite.* XI, 259 p., 2017.
- Richard Wittorski, Olivier Maulini & Maryvonne Sorel (Ed.). Les professionnels et leurs formations. Entre développement des sujets et projets des institutions. VI, 237 p., 2015.
- Tania Zittoun: *Insertions. A quinze ans, entre échec et apprentissage.* XVI, 192 p., 2006.
- Marianne Zogmal: *«Savoir voir et faire voir». Les processus d'observation et de catégorisation dans l'éducation de l'enfance.* 258 p., 2020.

Vygotskij – oeuvres et études

- David Auclair : *Moralité, autorité, normalité. Critique des courants organicistes du développement de l'enfant*. 283 p., 2022.
- L. S. Vygotskij : *Imagination. Textes choisis. Avec des commentaires et des essais sur l'imagination dans l'oeuvre de Vygotskij*. Édité par Bernard Schneuwly, Irina Leopoldoff Martin, Daniele Nunes Henrique Silva. 604 p., 2022.